DEUTSCHE
BIBEL
GESELLSCHAFT

NOVUM TESTAMENTUM GRAECE

ΠΡΟΣ ΡΩΜΑΙΟΥΣ

Der Römerbrief

The Letter to the Romans

DEUTSCHE BIBELGESELLSCHAFT

Die Deutsche Bibelgesellschaft ist eine kirchliche Stiftung des öffentlichen Rechts. Sie übersetzt die biblischen Schriften, entwickelt und verbreitet innovative Bibelausgaben und eröffnet für alle Menschen Zugänge zur Botschaft der Bibel. International verantwortet sie die wissenschaftlichen Bibelausgaben in den Ursprachen. Durch die Weltbibelhilfe unterstützt sie in Zusammenarbeit mit dem Weltverband der Bibelgesellschaften (United Bible Societies) weltweit die Übersetzung und Verbreitung der Bibel, damit alle Menschen die Bibel in ihrer Sprache lesen können. Weitere Informationen finden Sie unter www.die-bibel.de

The Deutsche Bibelgesellschaft (German Bible Society) is a not-for-profit religious foundation. It is engaged in translation of the Scriptures, the development and dissemination of innovative Bible editions, and in giving all people access to the message of the Bible. It bears international responsibility for scholarly Bible editions in the original languages. Through its international programs, in collaboration with other members of the United Bible Societies, it supports translation and distribution of the Bible worldwide, so that everyone can read the Bible in their own language. You can find more information at www.die-bibel.de

ISBN 978-3-438-05183-7

Novum Testamentum Graece: ΠΡΟΣ ΡΩΜΑΙΟΥΣ

Mit dem Text aus/With the text of:
Nestle-Aland Novum Testamentum Graece, 28. Auflage/28th edition

Printed in Germany

www.academic-bible.com

4.2020

ΠΡΟΣ ΡΩΜΑΙΟΥΣ

1 Παῦλος δοῦλος Χριστοῦ Ἰησοῦ, κλητὸς ἀπόστολος
2 ἀφωρισμένος εἰς εὐαγγέλιον θεοῦ, ὃ προεπηγγεί-
3 λατο διὰ τῶν προφητῶν αὐτοῦ ἐν γραφαῖς ἁγίαις 'περὶ
τοῦ υἱοῦ αὐτοῦ τοῦ γενομένου ἐκ σπέρματος Δαυὶδ
4 κατὰ σάρκα, τοῦ ὁρισθέντος υἱοῦ θεοῦ ἐν δυνάμει
κατὰ πνεῦμα ἁγιωσύνης ἐξ ἀναστάσεως νεκρῶν, Ἰησοῦ
5 Χριστοῦ τοῦ κυρίου ἡμῶν, δι' οὗ ἐλάβομεν χάριν καὶ
ἀποστολὴν εἰς ὑπακοὴν πίστεως ἐν πᾶσιν τοῖς ἔθνεσιν
6 ὑπὲρ τοῦ ὀνόματος αὐτοῦ, ἐν οἷς ἐστε καὶ ὑμεῖς κλητοὶ
7 Ἰησοῦ Χριστοῦ, πᾶσιν τοῖς οὖσιν ἐν Ῥώμῃ ἀγαπητοῖς
θεοῦ, κλητοῖς ἁγίοις, χάρις ὑμῖν καὶ εἰρήνη ἀπὸ θεοῦ
πατρὸς ἡμῶν καὶ κυρίου Ἰησοῦ Χριστοῦ.

8 Πρῶτον μὲν εὐχαριστῶ τῷ θεῷ μου διὰ Ἰησοῦ
Χριστοῦ περὶ πάντων ὑμῶν ὅτι ἡ πίστις ὑμῶν καταγ-
9 γέλλεται ἐν ὅλῳ τῷ κόσμῳ. μάρτυς γάρ μού ἐστιν ὁ
θεός, ᾧ λατρεύω ἐν τῷ πνεύματί μου ἐν τῷ εὐαγγελίῳ
τοῦ υἱοῦ αὐτοῦ, ὡς ἀδιαλείπτως μνείαν ὑμῶν ποιοῦμαι

10 πάντοτε ἐπὶ τῶν προσευχῶν μου δεόμενος εἴ πως ἤδη
ποτὲ εὐοδωθήσομαι ἐν τῷ θελήματι τοῦ θεοῦ ἐλθεῖν
11 πρὸς ὑμᾶς. ἐπιποθῶ γὰρ ἰδεῖν ὑμᾶς, ἵνα τι μεταδῶ χάρι-
12 σμα ὑμῖν πνευματικὸν εἰς τὸ στηριχθῆναι ὑμᾶς, τοῦτο
δέ ἐστιν συμπαρακληθῆναι ἐν ὑμῖν διὰ τῆς ἐν ἀλλήλοις
13 πίστεως ὑμῶν τε καὶ ἐμοῦ. οὐ θέλω δὲ ὑμᾶς ἀγνοεῖν,
ἀδελφοί, ὅτι πολλάκις προεθέμην ἐλθεῖν πρὸς ὑμᾶς,
καὶ ἐκωλύθην ἄχρι τοῦ δεῦρο, ἵνα τινὰ καρπὸν σχῶ καὶ
14 ἐν ὑμῖν καθὼς καὶ ἐν τοῖς λοιποῖς ἔθνεσιν. Ἕλλησίν τε
καὶ βαρβάροις, σοφοῖς τε καὶ ἀνοήτοις ὀφειλέτης εἰμί,
15 οὕτως τὸ κατ' ἐμὲ πρόθυμον καὶ ὑμῖν τοῖς ἐν Ῥώμῃ
εὐαγγελίσασθαι.

16 Οὐ γὰρ ἐπαισχύνομαι τὸ εὐαγγέλιον, δύναμις γὰρ
θεοῦ ἐστιν εἰς σωτηρίαν παντὶ τῷ πιστεύοντι, Ἰουδαίῳ
17 τε πρῶτον καὶ Ἕλληνι. δικαιοσύνη γὰρ θεοῦ ἐν αὐτῷ
ἀποκαλύπτεται ἐκ πίστεως εἰς πίστιν, καθὼς γέγραπται·
ὁ δὲ δίκαιος ἐκ πίστεως ζήσεται.

18 Ἀποκαλύπτεται γὰρ ὀργὴ θεοῦ ἀπ' οὐρανοῦ ἐπὶ πᾶ-
σαν ἀσέβειαν καὶ ἀδικίαν ἀνθρώπων τῶν τὴν ἀλήθειαν
19 ἐν ἀδικίᾳ κατεχόντων, διότι τὸ γνωστὸν τοῦ θεοῦ φανε-
20 ρόν ἐστιν ἐν αὐτοῖς· ὁ θεὸς γὰρ αὐτοῖς ἐφανέρωσεν. τὰ
γὰρ ἀόρατα αὐτοῦ ἀπὸ κτίσεως κόσμου τοῖς ποιήμα-
σιν νοούμενα καθορᾶται, ἥ τε ἀΐδιος αὐτοῦ δύναμις

21 καὶ θειότης, εἰς τὸ εἶναι αὐτοὺς ἀναπολογήτους, διότι
γνόντες τὸν θεὸν οὐχ ὡς θεὸν ἐδόξασαν ἢ ηὐχαρίστη-
σαν, ἀλλ' ἐματαιώθησαν ἐν τοῖς διαλογισμοῖς αὐτῶν
22 καὶ ἐσκοτίσθη ἡ ἀσύνετος αὐτῶν καρδία. φάσκοντες
23 εἶναι σοφοὶ ἐμωράνθησαν 'καὶ ἤλλαξαν τὴν δόξαν τοῦ
ἀφθάρτου θεοῦ ἐν ὁμοιώματι εἰκόνος φθαρτοῦ ἀνθρώ-
24 που καὶ πετεινῶν καὶ τετραπόδων καὶ ἑρπετῶν. Διὸ
παρέδωκεν αὐτοὺς ὁ θεὸς ἐν ταῖς ἐπιθυμίαις τῶν καρ-
διῶν αὐτῶν εἰς ἀκαθαρσίαν τοῦ ἀτιμάζεσθαι τὰ σώματα
25 αὐτῶν ἐν αὐτοῖς· οἵτινες μετήλλαξαν τὴν ἀλήθειαν τοῦ
θεοῦ ἐν τῷ ψεύδει καὶ ἐσεβάσθησαν καὶ ἐλάτρευσαν
τῇ κτίσει παρὰ τὸν κτίσαντα, ὅς ἐστιν εὐλογητὸς εἰς
26 τοὺς αἰῶνας, ἀμήν. Διὰ τοῦτο παρέδωκεν αὐτοὺς ὁ θεὸς
εἰς πάθη ἀτιμίας, αἵ τε γὰρ θήλειαι αὐτῶν μετήλλα-
27 ξαν τὴν φυσικὴν χρῆσιν εἰς τὴν παρὰ φύσιν, ὁμοίως
τε καὶ οἱ ἄρσενες ἀφέντες τὴν φυσικὴν χρῆσιν τῆς θη-
λείας ἐξεκαύθησαν ἐν τῇ ὀρέξει αὐτῶν εἰς ἀλλήλους,
ἄρσενες ἐν ἄρσεσιν τὴν ἀσχημοσύνην κατεργαζόμενοι
καὶ τὴν ἀντιμισθίαν ἣν ἔδει τῆς πλάνης αὐτῶν ἐν ἑαυ-
28 τοῖς ἀπολαμβάνοντες. Καὶ καθὼς οὐκ ἐδοκίμασαν τὸν
θεὸν ἔχειν ἐν ἐπιγνώσει, παρέδωκεν αὐτοὺς ὁ θεὸς εἰς
29 ἀδόκιμον νοῦν, ποιεῖν τὰ μὴ καθήκοντα, πεπληρωμέ-
νους πάσῃ ἀδικίᾳ πονηρίᾳ πλεονεξίᾳ κακίᾳ, μεστοὺς

φθόνου φόνου ἔριδος δόλου κακοηθείας, ψιθυριστὰς
30 ˈκαταλάλους θεοστυγεῖς ὑβριστὰς ὑπερηφάνους ἀλα-
31 ζόνας, ἐφευρετὰς κακῶν, γονεῦσιν ἀπειθεῖς, ἀσυνέτους
32 ἀσυνθέτους ἀστόργους ἀνελεήμονας· οἵτινες τὸ δικαί-
ωμα τοῦ θεοῦ ἐπιγνόντες ὅτι οἱ τὰ τοιαῦτα πράσσοντες
ἄξιοι θανάτου εἰσίν, οὐ μόνον αὐτὰ ποιοῦσιν ἀλλὰ καὶ
συνευδοκοῦσιν τοῖς πράσσουσιν.

2 Διὸ ἀναπολόγητος εἶ, ὦ ἄνθρωπε πᾶς ὁ κρίνων· ἐν
ᾧ γὰρ κρίνεις τὸν ἕτερον, σεαυτὸν κατακρίνεις, τὰ
2 γὰρ αὐτὰ πράσσεις ὁ κρίνων. οἴδαμεν δὲ ὅτι τὸ κρίμα
τοῦ θεοῦ ἐστιν κατὰ ἀλήθειαν ἐπὶ τοὺς τὰ τοιαῦτα πράσ-
3 σοντας. λογίζῃ δὲ τοῦτο, ὦ ἄνθρωπε ὁ κρίνων τοὺς τὰ
τοιαῦτα πράσσοντας καὶ ποιῶν αὐτά, ὅτι σὺ ἐκφεύξῃ τὸ
4 κρίμα τοῦ θεοῦ; ἢ τοῦ πλούτου τῆς χρηστότητος αὐτοῦ
καὶ τῆς ἀνοχῆς καὶ τῆς μακροθυμίας καταφρονεῖς,
ἀγνοῶν ὅτι τὸ χρηστὸν τοῦ θεοῦ εἰς μετάνοιάν σε ἄγει;
5 κατὰ δὲ τὴν σκληρότητά σου καὶ ἀμετανόητον καρδίαν
θησαυρίζεις σεαυτῷ ὀργὴν ἐν ἡμέρᾳ ὀργῆς καὶ ἀποκα-
6 λύψεως δικαιοκρισίας τοῦ θεοῦ ˈὃς ἀποδώσει ἑκάστῳ
7 κατὰ τὰ ἔργα αὐτοῦ· τοῖς μὲν καθ᾽ ὑπομονὴν ἔργου
ἀγαθοῦ δόξαν καὶ τιμὴν καὶ ἀφθαρσίαν ζητοῦσιν ζωὴν
8 αἰώνιον, τοῖς δὲ ἐξ ἐριθείας καὶ ἀπειθοῦσιν τῇ ἀληθείᾳ
9 πειθομένοις δὲ τῇ ἀδικίᾳ ὀργὴ καὶ θυμός. θλῖψις καὶ

στενοχωρία ἐπὶ πᾶσαν ψυχὴν ἀνθρώπου τοῦ κατεργα-
ζομένου τὸ κακόν, Ἰουδαίου τε πρῶτον καὶ Ἕλληνος·
10 δόξα δὲ καὶ τιμὴ καὶ εἰρήνη παντὶ τῷ ἐργαζομένῳ τὸ
11 ἀγαθόν, Ἰουδαίῳ τε πρῶτον καὶ Ἕλληνι· οὐ γάρ ἐστιν
προσωπολημψία παρὰ τῷ θεῷ.
12 Ὅσοι γὰρ ἀνόμως ἥμαρτον, ἀνόμως καὶ ἀπολοῦνται,
13 καὶ ὅσοι ἐν νόμῳ ἥμαρτον, διὰ νόμου κριθήσονται· οὐ
γὰρ οἱ ἀκροαταὶ νόμου δίκαιοι παρὰ τῷ θεῷ, ἀλλ' οἱ
14 ποιηταὶ νόμου δικαιωθήσονται. ὅταν γὰρ ἔθνη τὰ μὴ
νόμον ἔχοντα φύσει τὰ τοῦ νόμου ποιῶσιν, οὗτοι νόμον
15 μὴ ἔχοντες ἑαυτοῖς εἰσιν νόμος· οἵτινες ἐνδείκνυνται
τὸ ἔργον τοῦ νόμου γραπτὸν ἐν ταῖς καρδίαις αὐτῶν,
συμμαρτυρούσης αὐτῶν τῆς συνειδήσεως καὶ μεταξὺ
ἀλλήλων τῶν λογισμῶν κατηγορούντων ἢ καὶ ἀπολο-
16 γουμένων, ἐν ἡμέρᾳ ὅτε κρίνει ὁ θεὸς τὰ κρυπτὰ τῶν
ἀνθρώπων κατὰ τὸ εὐαγγέλιόν μου διὰ Χριστοῦ Ἰησοῦ.
17 Εἰ δὲ σὺ Ἰουδαῖος ἐπονομάζῃ καὶ ἐπαναπαύῃ νόμῳ
18 καὶ καυχᾶσαι ἐν θεῷ ˈκαὶ γινώσκεις τὸ θέλημα καὶ
δοκιμάζεις τὰ διαφέροντα κατηχούμενος ἐκ τοῦ νόμου,
19 πέποιθάς τε σεαυτὸν ὁδηγὸν εἶναι τυφλῶν, φῶς τῶν
20 ἐν σκότει, παιδευτὴν ἀφρόνων, διδάσκαλον νηπίων,
ἔχοντα τὴν μόρφωσιν τῆς γνώσεως καὶ τῆς ἀληθεί-
21 ας ἐν τῷ νόμῳ· ὁ οὖν διδάσκων ἕτερον σεαυτὸν οὐ

22 διδάσκεις; ὁ κηρύσσων μὴ κλέπτειν κλέπτεις; ὁ λέγων
μὴ μοιχεύειν μοιχεύεις; ὁ βδελυσσόμενος τὰ εἴδωλα
23 ἱεροσυλεῖς; ὃς ἐν νόμῳ καυχᾶσαι, διὰ τῆς παραβάσε-
24 ως τοῦ νόμου τὸν θεὸν ἀτιμάζεις· τὸ γὰρ ὄνομα τοῦ
θεοῦ δι᾽ ὑμᾶς βλασφημεῖται ἐν τοῖς ἔθνεσιν, καθὼς
γέγραπται.

25 Περιτομὴ μὲν γὰρ ὠφελεῖ ἐὰν νόμον πράσσῃς· ἐὰν
δὲ παραβάτης νόμου ᾖς, ἡ περιτομή σου ἀκροβυστία
26 γέγονεν. ἐὰν οὖν ἡ ἀκροβυστία τὰ δικαιώματα τοῦ νό-
μου φυλάσσῃ, οὐχ ἡ ἀκροβυστία αὐτοῦ εἰς περιτομὴν
27 λογισθήσεται; καὶ κρινεῖ ἡ ἐκ φύσεως ἀκροβυστία τὸν
νόμον τελοῦσα σὲ τὸν διὰ γράμματος καὶ περιτομῆς
28 παραβάτην νόμου. οὐ γὰρ ὁ ἐν τῷ φανερῷ Ἰουδαῖός
29 ἐστιν οὐδὲ ἡ ἐν τῷ φανερῷ ἐν σαρκὶ περιτομή, ἀλλ᾽
ὁ ἐν τῷ κρυπτῷ Ἰουδαῖος, καὶ περιτομὴ καρδίας ἐν
πνεύματι οὐ γράμματι, οὗ ὁ ἔπαινος οὐκ ἐξ ἀνθρώπων
ἀλλ᾽ ἐκ τοῦ θεοῦ.

3 Τί οὖν τὸ περισσὸν τοῦ Ἰουδαίου ἢ τίς ἡ ὠφέλεια
2 τῆς περιτομῆς; πολὺ κατὰ πάντα τρόπον. πρῶτον
3 μὲν γὰρ ὅτι ἐπιστεύθησαν τὰ λόγια τοῦ θεοῦ. τί γάρ;
εἰ ἠπίστησάν τινες, μὴ ἡ ἀπιστία αὐτῶν τὴν πίστιν τοῦ
4 θεοῦ καταργήσει; μὴ γένοιτο· γινέσθω δὲ ὁ θεὸς ἀληθής,
πᾶς δὲ ἄνθρωπος ψεύστης, καθὼς γέγραπται·

ὅπως ἂν δικαιωθῇς ἐν τοῖς λόγοις σου
καὶ νικήσεις ἐν τῷ κρίνεσθαί σε.
5 εἰ δὲ ἡ ἀδικία ἡμῶν θεοῦ δικαιοσύνην συνίστησιν, τί
ἐροῦμεν; μὴ ἄδικος ὁ θεὸς ὁ ἐπιφέρων τὴν ὀργήν; κατὰ
6 ἄνθρωπον λέγω. μὴ γένοιτο· ἐπεὶ πῶς κρινεῖ ὁ θεὸς
7 τὸν κόσμον; εἰ δὲ ἡ ἀλήθεια τοῦ θεοῦ ἐν τῷ ἐμῷ ψεύ-
σματι ἐπερίσσευσεν εἰς τὴν δόξαν αὐτοῦ, τί ἔτι κἀγὼ
8 ὡς ἁμαρτωλὸς κρίνομαι; καὶ μὴ καθὼς βλασφημούμεθα
καὶ καθώς φασίν τινες ἡμᾶς λέγειν ὅτι ποιήσωμεν τὰ
κακά, ἵνα ἔλθῃ τὰ ἀγαθά; ὧν τὸ κρίμα ἔνδικόν ἐστιν.
9 Τί οὖν; προεχόμεθα; οὐ πάντως· προῃτιασάμεθα γὰρ
Ἰουδαίους τε καὶ Ἕλληνας πάντας ὑφ᾽ ἁμαρτίαν εἶναι,
10 καθὼς γέγραπται ὅτι
οὐκ ἔστιν δίκαιος οὐδὲ εἷς,
11 οὐκ ἔστιν ὁ συνίων,
οὐκ ἔστιν ὁ ἐκζητῶν τὸν θεόν.
12 πάντες ἐξέκλιναν ἅμα ἠχρεώθησαν·
οὐκ ἔστιν ὁ ποιῶν χρηστότητα,
οὐκ ἔστιν ἕως ἑνός.
13 τάφος ἀνεῳγμένος ὁ λάρυγξ αὐτῶν,
ταῖς γλώσσαις αὐτῶν ἐδολιοῦσαν,
ἰὸς ἀσπίδων ὑπὸ τὰ χείλη αὐτῶν·
14 ὧν τὸ στόμα ἀρᾶς καὶ πικρίας γέμει,

15 ὀξεῖς οἱ πόδες αὐτῶν ἐκχέαι αἷμα,
16 σύντριμμα καὶ ταλαιπωρία ἐν ταῖς ὁδοῖς αὐτῶν,
17 καὶ ὁδὸν εἰρήνης οὐκ ἔγνωσαν.
18 οὐκ ἔστιν φόβος θεοῦ ἀπέναντι τῶν
ὀφθαλμῶν αὐτῶν.

19 οἴδαμεν δὲ ὅτι ὅσα ὁ νόμος λέγει τοῖς ἐν τῷ νόμῳ λα-
λεῖ, ἵνα πᾶν στόμα φραγῇ καὶ ὑπόδικος γένηται πᾶς ὁ
20 κόσμος τῷ θεῷ· διότι ἐξ ἔργων νόμου οὐ δικαιωθήσε-
ται πᾶσα σὰρξ ἐνώπιον αὐτοῦ, διὰ γὰρ νόμου ἐπίγνωσις
ἁμαρτίας.

21 Νυνὶ δὲ χωρὶς νόμου δικαιοσύνη θεοῦ πεφανέρω-
ται μαρτυρουμένη ὑπὸ τοῦ νόμου καὶ τῶν προφητῶν,
22 δικαιοσύνη δὲ θεοῦ διὰ πίστεως Ἰησοῦ Χριστοῦ εἰς
23 πάντας τοὺς πιστεύοντας. οὐ γάρ ἐστιν διαστολή, πάν-
τες γὰρ ἥμαρτον καὶ ὑστεροῦνται τῆς δόξης τοῦ θεοῦ
24 'δικαιούμενοι δωρεὰν τῇ αὐτοῦ χάριτι διὰ τῆς ἀπο-
25 λυτρώσεως τῆς ἐν Χριστῷ Ἰησοῦ· ὃν προέθετο ὁ θεὸς
ἱλαστήριον διὰ τῆς πίστεως ἐν τῷ αὐτοῦ αἵματι εἰς
ἔνδειξιν τῆς δικαιοσύνης αὐτοῦ διὰ τὴν πάρεσιν τῶν
26 προγεγονότων ἁμαρτημάτων 'ἐν τῇ ἀνοχῇ τοῦ θεοῦ,
πρὸς τὴν ἔνδειξιν τῆς δικαιοσύνης αὐτοῦ ἐν τῷ νῦν
καιρῷ, εἰς τὸ εἶναι αὐτὸν δίκαιον καὶ δικαιοῦντα τὸν
ἐκ πίστεως Ἰησοῦ.

27 Ποῦ οὖν ἡ καύχησις; ἐξεκλείσθη. διὰ ποίου νόμου;
28 τῶν ἔργων; οὐχί, ἀλλὰ διὰ νόμου πίστεως. λογιζόμεθα
29 γὰρ δικαιοῦσθαι πίστει ἄνθρωπον χωρὶς ἔργων νόμου. ἢ
Ἰουδαίων ὁ θεὸς μόνον; οὐχὶ καὶ ἐθνῶν; ναὶ καὶ ἐθνῶν,
30 εἴπερ εἷς ὁ θεὸς ὃς δικαιώσει περιτομὴν ἐκ πίστεως καὶ
31 ἀκροβυστίαν διὰ τῆς πίστεως. νόμον οὖν καταργοῦμεν
διὰ τῆς πίστεως; μὴ γένοιτο· ἀλλὰ νόμον ἱστάνομεν.

4 Τί οὖν ἐροῦμεν εὑρηκέναι Ἀβραὰμ τὸν προπά-
2 τορα ἡμῶν κατὰ σάρκα; εἰ γὰρ Ἀβραὰμ ἐξ ἔργων
3 ἐδικαιώθη, ἔχει καύχημα, ἀλλ᾽ οὐ πρὸς θεόν. τί γὰρ ἡ
γραφὴ λέγει; ἐπίστευσεν δὲ Ἀβραὰμ τῷ θεῷ καὶ ἐλογί-
4 σθη αὐτῷ εἰς δικαιοσύνην. τῷ δὲ ἐργαζομένῳ ὁ μισθὸς
5 οὐ λογίζεται κατὰ χάριν ἀλλὰ κατὰ ὀφείλημα, τῷ δὲ
μὴ ἐργαζομένῳ πιστεύοντι δὲ ἐπὶ τὸν δικαιοῦντα τὸν
6 ἀσεβῆ λογίζεται ἡ πίστις αὐτοῦ εἰς δικαιοσύνην· καθά-
περ καὶ Δαυὶδ λέγει τὸν μακαρισμὸν τοῦ ἀνθρώπου ᾧ ὁ
θεὸς λογίζεται δικαιοσύνην χωρὶς ἔργων·

7 μακάριοι ὧν ἀφέθησαν αἱ ἀνομίαι
καὶ ὧν ἐπεκαλύφθησαν αἱ ἁμαρτίαι·
8 μακάριος ἀνὴρ οὗ οὐ μὴ λογίσηται κύριος
ἁμαρτίαν.

9 Ὁ μακαρισμὸς οὖν οὗτος ἐπὶ τὴν περιτομὴν ἢ καὶ ἐπὶ
τὴν ἀκροβυστίαν; λέγομεν γάρ· ἐλογίσθη τῷ Ἀβραὰμ ἡ

10 πίστις εἰς δικαιοσύνην. πῶς οὖν ἐλογίσθη; ἐν περιτομῇ
ὄντι ἢ ἐν ἀκροβυστίᾳ; οὐκ ἐν περιτομῇ ἀλλ' ἐν ἀκρο-
11 βυστίᾳ· καὶ σημεῖον ἔλαβεν περιτομῆς σφραγῖδα τῆς
δικαιοσύνης τῆς πίστεως τῆς ἐν τῇ ἀκροβυστίᾳ, εἰς τὸ
εἶναι αὐτὸν πατέρα πάντων τῶν πιστευόντων δι' ἀκρο-
βυστίας, εἰς τὸ λογισθῆναι καὶ αὐτοῖς τὴν δικαιοσύνην,
12 καὶ πατέρα περιτομῆς τοῖς οὐκ ἐκ περιτομῆς μόνον
ἀλλὰ καὶ τοῖς στοιχοῦσιν τοῖς ἴχνεσιν τῆς ἐν ἀκροβυ-
στίᾳ πίστεως τοῦ πατρὸς ἡμῶν Ἀβραάμ.

13 Οὐ γὰρ διὰ νόμου ἡ ἐπαγγελία τῷ Ἀβραὰμ ἢ τῷ σπέρ-
ματι αὐτοῦ, τὸ κληρονόμον αὐτὸν εἶναι κόσμου, ἀλλὰ
14 διὰ δικαιοσύνης πίστεως. εἰ γὰρ οἱ ἐκ νόμου κληρονό-
μοι, κεκένωται ἡ πίστις καὶ κατήργηται ἡ ἐπαγγελία·
15 ὁ γὰρ νόμος ὀργὴν κατεργάζεται· οὗ δὲ οὐκ ἔστιν νό-
16 μος οὐδὲ παράβασις. Διὰ τοῦτο ἐκ πίστεως, ἵνα κατὰ
χάριν, εἰς τὸ εἶναι βεβαίαν τὴν ἐπαγγελίαν παντὶ τῷ
σπέρματι, οὐ τῷ ἐκ τοῦ νόμου μόνον ἀλλὰ καὶ τῷ ἐκ
17 πίστεως Ἀβραάμ, ὅς ἐστιν πατὴρ πάντων ἡμῶν, κα-
θὼς γέγραπται ὅτι πατέρα πολλῶν ἐθνῶν τέθεικά σε,
κατέναντι οὗ ἐπίστευσεν θεοῦ τοῦ ζῳοποιοῦντος τοὺς
18 νεκροὺς καὶ καλοῦντος τὰ μὴ ὄντα ὡς ὄντα. Ὃς παρ'
ἐλπίδα ἐπ' ἐλπίδι ἐπίστευσεν εἰς τὸ γενέσθαι αὐτὸν πα-
τέρα πολλῶν ἐθνῶν κατὰ τὸ εἰρημένον· οὕτως ἔσται

....
....
....
....
....
....
....
....
....
....
....
....
....
....
....
....
....
....
....
....
....
....
....

19 τὸ σπέρμα σου, καὶ μὴ ἀσθενήσας τῇ πίστει κατενόη-
σεν τὸ ἑαυτοῦ σῶμα ἤδη νενεκρωμένον, ἑκατονταετής
20 που ὑπάρχων, καὶ τὴν νέκρωσιν τῆς μήτρας Σάρρας· εἰς
δὲ τὴν ἐπαγγελίαν τοῦ θεοῦ οὐ διεκρίθη τῇ ἀπιστίᾳ
21 ἀλλ' ἐνεδυναμώθη τῇ πίστει, δοὺς δόξαν τῷ θεῷ 'καὶ
πληροφορηθεὶς ὅτι ὃ ἐπήγγελται δυνατός ἐστιν καὶ
22-23 ποιῆσαι. διὸ καὶ ἐλογίσθη αὐτῷ εἰς δικαιοσύνην. Οὐκ
24 ἐγράφη δὲ δι' αὐτὸν μόνον ὅτι ἐλογίσθη αὐτῷ 'ἀλλὰ
καὶ δι' ἡμᾶς, οἷς μέλλει λογίζεσθαι, τοῖς πιστεύουσιν
ἐπὶ τὸν ἐγείραντα Ἰησοῦν τὸν κύριον ἡμῶν ἐκ νεκρῶν,
25 ὃς παρεδόθη διὰ τὰ παραπτώματα ἡμῶν καὶ ἠγέρθη διὰ
τὴν δικαίωσιν ἡμῶν.

5 Δικαιωθέντες οὖν ἐκ πίστεως εἰρήνην ἔχομεν
πρὸς τὸν θεὸν διὰ τοῦ κυρίου ἡμῶν Ἰησοῦ Χριστοῦ
2 'δι' οὗ καὶ τὴν προσαγωγὴν ἐσχήκαμεν τῇ πίστει εἰς
τὴν χάριν ταύτην ἐν ᾗ ἑστήκαμεν καὶ καυχώμεθα ἐπ'
3 ἐλπίδι τῆς δόξης τοῦ θεοῦ. οὐ μόνον δέ, ἀλλὰ καὶ καυ-
χώμεθα ἐν ταῖς θλίψεσιν, εἰδότες ὅτι ἡ θλῖψις ὑπομονὴν
4 κατεργάζεται, ἡ δὲ ὑπομονὴ δοκιμήν, ἡ δὲ δοκιμὴ ἐλ-
5 πίδα. ἡ δὲ ἐλπὶς οὐ καταισχύνει, ὅτι ἡ ἀγάπη τοῦ θεοῦ
ἐκκέχυται ἐν ταῖς καρδίαις ἡμῶν διὰ πνεύματος ἁγί-
6 ου τοῦ δοθέντος ἡμῖν. Ἔτι γὰρ Χριστὸς ὄντων ἡμῶν
7 ἀσθενῶν ἔτι κατὰ καιρὸν ὑπὲρ ἀσεβῶν ἀπέθανεν. μόλις

γὰρ ὑπὲρ δικαίου τις ἀποθανεῖται· ὑπὲρ γὰρ τοῦ ἀγαθοῦ
8 τάχα τις καὶ τολμᾷ ἀποθανεῖν· συνίστησιν δὲ τὴν ἑαυ-
τοῦ ἀγάπην εἰς ἡμᾶς ὁ θεός, ὅτι ἔτι ἁμαρτωλῶν ὄντων
9 ἡμῶν Χριστὸς ὑπὲρ ἡμῶν ἀπέθανεν. πολλῷ οὖν μᾶλ-
λον δικαιωθέντες νῦν ἐν τῷ αἵματι αὐτοῦ σωθησόμεθα
10 δι' αὐτοῦ ἀπὸ τῆς ὀργῆς. εἰ γὰρ ἐχθροὶ ὄντες κατηλλά-
γημεν τῷ θεῷ διὰ τοῦ θανάτου τοῦ υἱοῦ αὐτοῦ, πολλῷ
μᾶλλον καταλλαγέντες σωθησόμεθα ἐν τῇ ζωῇ αὐτοῦ·
11 οὐ μόνον δέ, ἀλλὰ καὶ καυχώμενοι ἐν τῷ θεῷ διὰ τοῦ
κυρίου ἡμῶν Ἰησοῦ Χριστοῦ δι' οὗ νῦν τὴν καταλλαγὴν
ἐλάβομεν.

12 Διὰ τοῦτο ὥσπερ δι' ἑνὸς ἀνθρώπου ἡ ἁμαρτία εἰς
τὸν κόσμον εἰσῆλθεν καὶ διὰ τῆς ἁμαρτίας ὁ θάνατος,
καὶ οὕτως εἰς πάντας ἀνθρώπους ὁ θάνατος διῆλθεν,
13 ἐφ' ᾧ πάντες ἥμαρτον· ἄχρι γὰρ νόμου ἁμαρτία ἦν ἐν
14 κόσμῳ, ἁμαρτία δὲ οὐκ ἐλλογεῖται μὴ ὄντος νόμου, ἀλλ'
ἐβασίλευσεν ὁ θάνατος ἀπὸ Ἀδὰμ μέχρι Μωϋσέως καὶ
ἐπὶ τοὺς μὴ ἁμαρτήσαντας ἐπὶ τῷ ὁμοιώματι τῆς παρα-
15 βάσεως Ἀδὰμ ὅς ἐστιν τύπος τοῦ μέλλοντος. Ἀλλ' οὐχ
ὡς τὸ παράπτωμα, οὕτως καὶ τὸ χάρισμα· εἰ γὰρ τῷ τοῦ
ἑνὸς παραπτώματι οἱ πολλοὶ ἀπέθανον, πολλῷ μᾶλλον
ἡ χάρις τοῦ θεοῦ καὶ ἡ δωρεὰ ἐν χάριτι τῇ τοῦ ἑνὸς ἀν-
θρώπου Ἰησοῦ Χριστοῦ εἰς τοὺς πολλοὺς ἐπερίσσευσεν.

16 καὶ οὐχ ὡς δι᾽ ἑνὸς ἁμαρτήσαντος τὸ δώρημα· τὸ μὲν
γὰρ κρίμα ἐξ ἑνὸς εἰς κατάκριμα, τὸ δὲ χάρισμα ἐκ
17 πολλῶν παραπτωμάτων εἰς δικαίωμα. εἰ γὰρ τῷ τοῦ
ἑνὸς παραπτώματι ὁ θάνατος ἐβασίλευσεν διὰ τοῦ
ἑνός, πολλῷ μᾶλλον οἱ τὴν περισσείαν τῆς χάριτος
καὶ τῆς δωρεᾶς τῆς δικαιοσύνης λαμβάνοντες ἐν ζωῇ
18 βασιλεύσουσιν διὰ τοῦ ἑνὸς Ἰησοῦ Χριστοῦ. Ἄρα οὖν
ὡς δι᾽ ἑνὸς παραπτώματος εἰς πάντας ἀνθρώπους εἰς
κατάκριμα, οὕτως καὶ δι᾽ ἑνὸς δικαιώματος εἰς πάντας
19 ἀνθρώπους εἰς δικαίωσιν ζωῆς· ὥσπερ γὰρ διὰ τῆς παρ-
ακοῆς τοῦ ἑνὸς ἀνθρώπου ἁμαρτωλοὶ κατεστάθησαν οἱ
πολλοί, οὕτως καὶ διὰ τῆς ὑπακοῆς τοῦ ἑνὸς δίκαιοι
20 κατασταθήσονται οἱ πολλοί. νόμος δὲ παρεισῆλθεν, ἵνα
πλεονάσῃ τὸ παράπτωμα· οὗ δὲ ἐπλεόνασεν ἡ ἁμαρτία,
21 ὑπερεπερίσσευσεν ἡ χάρις, ἵνα ὥσπερ ἐβασίλευσεν ἡ
ἁμαρτία ἐν τῷ θανάτῳ, οὕτως καὶ ἡ χάρις βασιλεύσῃ
διὰ δικαιοσύνης εἰς ζωὴν αἰώνιον διὰ Ἰησοῦ Χριστοῦ
τοῦ κυρίου ἡμῶν.

6 Τί οὖν ἐροῦμεν; ἐπιμένωμεν τῇ ἁμαρτίᾳ, ἵνα ἡ
2 χάρις πλεονάσῃ; μὴ γένοιτο. οἵτινες ἀπεθάνομεν
3 τῇ ἁμαρτίᾳ, πῶς ἔτι ζήσομεν ἐν αὐτῇ; ἢ ἀγνοεῖτε ὅτι,
ὅσοι ἐβαπτίσθημεν εἰς Χριστὸν Ἰησοῦν, εἰς τὸν θάνα-
4 τον αὐτοῦ ἐβαπτίσθημεν; συνετάφημεν οὖν αὐτῷ διὰ

τοῦ βαπτίσματος εἰς τὸν θάνατον, ἵνα ὥσπερ ἠγέρθη
Χριστὸς ἐκ νεκρῶν διὰ τῆς δόξης τοῦ πατρός, οὕτως
5 καὶ ἡμεῖς ἐν καινότητι ζωῆς περιπατήσωμεν. εἰ γὰρ
σύμφυτοι γεγόναμεν τῷ ὁμοιώματι τοῦ θανάτου αὐτοῦ,
6 ἀλλὰ καὶ τῆς ἀναστάσεως ἐσόμεθα· τοῦτο γινώσκοντες
ὅτι ὁ παλαιὸς ἡμῶν ἄνθρωπος συνεσταυρώθη, ἵνα κατ-
αργηθῇ τὸ σῶμα τῆς ἁμαρτίας, τοῦ μηκέτι δουλεύειν
7 ἡμᾶς τῇ ἁμαρτίᾳ· ὁ γὰρ ἀποθανὼν δεδικαίωται ἀπὸ τῆς
8 ἁμαρτίας. εἰ δὲ ἀπεθάνομεν σὺν Χριστῷ, πιστεύομεν
9 ὅτι καὶ συζήσομεν αὐτῷ, εἰδότες ὅτι Χριστὸς ἐγερθεὶς
ἐκ νεκρῶν οὐκέτι ἀποθνῄσκει, θάνατος αὐτοῦ οὐκέτι
10 κυριεύει. ὃ γὰρ ἀπέθανεν, τῇ ἁμαρτίᾳ ἀπέθανεν ἐφά-
11 παξ· ὃ δὲ ζῇ, ζῇ τῷ θεῷ. οὕτως καὶ ὑμεῖς λογίζεσθε
ἑαυτοὺς εἶναι νεκροὺς μὲν τῇ ἁμαρτίᾳ ζῶντας δὲ τῷ
θεῷ ἐν Χριστῷ Ἰησοῦ.

12 Μὴ οὖν βασιλευέτω ἡ ἁμαρτία ἐν τῷ θνητῷ ὑμῶν
13 σώματι εἰς τὸ ὑπακούειν ταῖς ἐπιθυμίαις αὐτοῦ, μηδὲ
παριστάνετε τὰ μέλη ὑμῶν ὅπλα ἀδικίας τῇ ἁμαρτίᾳ,
ἀλλὰ παραστήσατε ἑαυτοὺς τῷ θεῷ ὡσεὶ ἐκ νεκρῶν
ζῶντας καὶ τὰ μέλη ὑμῶν ὅπλα δικαιοσύνης τῷ θεῷ.
14 ἁμαρτία γὰρ ὑμῶν οὐ κυριεύσει· οὐ γάρ ἐστε ὑπὸ νόμον
15 ἀλλ' ὑπὸ χάριν. Τί οὖν; ἁμαρτήσωμεν, ὅτι οὐκ ἐσμὲν
16 ὑπὸ νόμον ἀλλ' ὑπὸ χάριν; μὴ γένοιτο. οὐκ οἴδατε ὅτι ᾧ

παριστάνετε ἑαυτοὺς δούλους εἰς ὑπακοήν, δοῦλοί ἐστε
ᾧ ὑπακούετε, ἤτοι ἁμαρτίας εἰς θάνατον ἢ ὑπακοῆς
17 εἰς δικαιοσύνην; χάρις δὲ τῷ θεῷ ὅτι ἦτε δοῦλοι τῆς
ἁμαρτίας ὑπηκούσατε δὲ ἐκ καρδίας εἰς ὃν παρεδόθητε
18 τύπον διδαχῆς, ἐλευθερωθέντες δὲ ἀπὸ τῆς ἁμαρτίας
19 ἐδουλώθητε τῇ δικαιοσύνῃ. Ἀνθρώπινον λέγω διὰ τὴν
ἀσθένειαν τῆς σαρκὸς ὑμῶν. ὥσπερ γὰρ παρεστήσατε
τὰ μέλη ὑμῶν δοῦλα τῇ ἀκαθαρσίᾳ καὶ τῇ ἀνομίᾳ εἰς
τὴν ἀνομίαν, οὕτως νῦν παραστήσατε τὰ μέλη ὑμῶν
20 δοῦλα τῇ δικαιοσύνῃ εἰς ἁγιασμόν. ὅτε γὰρ δοῦλοι ἦτε
21 τῆς ἁμαρτίας, ἐλεύθεροι ἦτε τῇ δικαιοσύνῃ. τίνα οὖν
καρπὸν εἴχετε τότε; ἐφ' οἷς νῦν ἐπαισχύνεσθε, τὸ γὰρ
22 τέλος ἐκείνων θάνατος. νυνὶ δὲ ἐλευθερωθέντες ἀπὸ
τῆς ἁμαρτίας δουλωθέντες δὲ τῷ θεῷ ἔχετε τὸν καρπὸν
23 ὑμῶν εἰς ἁγιασμόν, τὸ δὲ τέλος ζωὴν αἰώνιον. τὰ γὰρ
ὀψώνια τῆς ἁμαρτίας θάνατος, τὸ δὲ χάρισμα τοῦ θεοῦ
ζωὴ αἰώνιος ἐν Χριστῷ Ἰησοῦ τῷ κυρίῳ ἡμῶν.

7 Ἢ ἀγνοεῖτε, ἀδελφοί, γινώσκουσιν γὰρ νόμον
λαλῶ, ὅτι ὁ νόμος κυριεύει τοῦ ἀνθρώπου ἐφ'
2 ὅσον χρόνον ζῇ; ἡ γὰρ ὕπανδρος γυνὴ τῷ ζῶντι ἀν-
δρὶ δέδεται νόμῳ· ἐὰν δὲ ἀποθάνῃ ὁ ἀνήρ, κατήργηται
3 ἀπὸ τοῦ νόμου τοῦ ἀνδρός. ἄρα οὖν ζῶντος τοῦ ἀνδρὸς
μοιχαλὶς χρηματίσει ἐὰν γένηται ἀνδρὶ ἑτέρῳ· ἐὰν δὲ

ἀποθάνῃ ὁ ἀνήρ, ἐλευθέρα ἐστὶν ἀπὸ τοῦ νόμου, τοῦ μὴ
4 εἶναι αὐτὴν μοιχαλίδα γενομένην ἀνδρὶ ἑτέρῳ. ὥστε,
ἀδελφοί μου, καὶ ὑμεῖς ἐθανατώθητε τῷ νόμῳ διὰ τοῦ
σώματος τοῦ Χριστοῦ, εἰς τὸ γενέσθαι ὑμᾶς ἑτέρῳ, τῷ ἐκ
5 νεκρῶν ἐγερθέντι, ἵνα καρποφορήσωμεν τῷ θεῷ. ὅτε
γὰρ ἦμεν ἐν τῇ σαρκί, τὰ παθήματα τῶν ἁμαρτιῶν τὰ
διὰ τοῦ νόμου ἐνηργεῖτο ἐν τοῖς μέλεσιν ἡμῶν, εἰς τὸ
6 καρποφορῆσαι τῷ θανάτῳ· νυνὶ δὲ κατηργήθημεν ἀπὸ
τοῦ νόμου ἀποθανόντες ἐν ᾧ κατειχόμεθα, ὥστε δου-
λεύειν ἡμᾶς ἐν καινότητι πνεύματος καὶ οὐ παλαιότητι
γράμματος.
7 Τί οὖν ἐροῦμεν; ὁ νόμος ἁμαρτία; μὴ γένοιτο· ἀλλὰ
τὴν ἁμαρτίαν οὐκ ἔγνων εἰ μὴ διὰ νόμου· τήν τε γὰρ
ἐπιθυμίαν οὐκ ᾔδειν εἰ μὴ ὁ νόμος ἔλεγεν· οὐκ ἐπιθυ-
8 μήσεις. ἀφορμὴν δὲ λαβοῦσα ἡ ἁμαρτία διὰ τῆς ἐντολῆς
κατειργάσατο ἐν ἐμοὶ πᾶσαν ἐπιθυμίαν· χωρὶς γὰρ νό-
9 μου ἁμαρτία νεκρά. ἐγὼ δὲ ἔζων χωρὶς νόμου ποτέ,
10 ἐλθούσης δὲ τῆς ἐντολῆς ἡ ἁμαρτία ἀνέζησεν, ἐγὼ δὲ
ἀπέθανον καὶ εὑρέθη μοι ἡ ἐντολὴ ἡ εἰς ζωήν, αὕτη
11 εἰς θάνατον· ἡ γὰρ ἁμαρτία ἀφορμὴν λαβοῦσα διὰ τῆς
12 ἐντολῆς ἐξηπάτησέν με καὶ δι' αὐτῆς ἀπέκτεινεν. ὥστε
ὁ μὲν νόμος ἅγιος καὶ ἡ ἐντολὴ ἁγία καὶ δικαία καὶ
13 ἀγαθή. Τὸ οὖν ἀγαθὸν ἐμοὶ ἐγένετο θάνατος; μὴ γένοιτο·

ἀλλ' ἡ ἁμαρτία, ἵνα φανῇ ἁμαρτία, διὰ τοῦ ἀγαθοῦ μοι
κατεργαζομένη θάνατον, ἵνα γένηται καθ' ὑπερβολὴν
ἁμαρτωλὸς ἡ ἁμαρτία διὰ τῆς ἐντολῆς.
14 Οἴδαμεν γὰρ ὅτι ὁ νόμος πνευματικός ἐστιν, ἐγὼ
15 δὲ σάρκινός εἰμι πεπραμένος ὑπὸ τὴν ἁμαρτίαν. ὃ γὰρ
κατεργάζομαι οὐ γινώσκω· οὐ γὰρ ὃ θέλω τοῦτο πράσ-
16 σω, ἀλλ' ὃ μισῶ τοῦτο ποιῶ. εἰ δὲ ὃ οὐ θέλω τοῦτο ποιῶ,
17 σύμφημι τῷ νόμῳ ὅτι καλός. νυνὶ δὲ οὐκέτι ἐγὼ κατ-
18 εργάζομαι αὐτὸ ἀλλ' ἡ οἰκοῦσα ἐν ἐμοὶ ἁμαρτία. Οἶδα
γὰρ ὅτι οὐκ οἰκεῖ ἐν ἐμοί, τοῦτ' ἔστιν ἐν τῇ σαρκί μου,
ἀγαθόν· τὸ γὰρ θέλειν παράκειταί μοι, τὸ δὲ κατερ-
19 γάζεσθαι τὸ καλὸν οὔ· οὐ γὰρ ὃ θέλω ποιῶ ἀγαθόν,
20 ἀλλ' ὃ οὐ θέλω κακὸν τοῦτο πράσσω. εἰ δὲ ὃ οὐ θέλω
ἐγὼ τοῦτο ποιῶ, οὐκέτι ἐγὼ κατεργάζομαι αὐτὸ ἀλλ' ἡ
21 οἰκοῦσα ἐν ἐμοὶ ἁμαρτία. εὑρίσκω ἄρα τὸν νόμον, τῷ
θέλοντι ἐμοὶ ποιεῖν τὸ καλόν, ὅτι ἐμοὶ τὸ κακὸν παρά-
22 κειται· συνήδομαι γὰρ τῷ νόμῳ τοῦ θεοῦ κατὰ τὸν ἔσω
23 ἄνθρωπον, βλέπω δὲ ἕτερον νόμον ἐν τοῖς μέλεσίν μου
ἀντιστρατευόμενον τῷ νόμῳ τοῦ νοός μου καὶ αἰχμα-
λωτίζοντά με ἐν τῷ νόμῳ τῆς ἁμαρτίας τῷ ὄντι ἐν
24 τοῖς μέλεσίν μου. Ταλαίπωρος ἐγὼ ἄνθρωπος· τίς με
25 ῥύσεται ἐκ τοῦ σώματος τοῦ θανάτου τούτου; χάρις δὲ
τῷ θεῷ διὰ Ἰησοῦ Χριστοῦ τοῦ κυρίου ἡμῶν. Ἄρα οὖν

αὐτὸς ἐγὼ τῷ μὲν νοῒ δουλεύω νόμῳ θεοῦ τῇ δὲ σαρκὶ
νόμῳ ἁμαρτίας.

8 Οὐδὲν ἄρα νῦν κατάκριμα τοῖς ἐν Χριστῷ Ἰησοῦ.
2 ὁ γὰρ νόμος τοῦ πνεύματος τῆς ζωῆς ἐν Χριστῷ
Ἰησοῦ ἠλευθέρωσέν σε ἀπὸ τοῦ νόμου τῆς ἁμαρτίας καὶ
3 τοῦ θανάτου. Τὸ γὰρ ἀδύνατον τοῦ νόμου ἐν ᾧ ἠσθένει
διὰ τῆς σαρκός, ὁ θεὸς τὸν ἑαυτοῦ υἱὸν πέμψας ἐν ὁμοι-
ώματι σαρκὸς ἁμαρτίας καὶ περὶ ἁμαρτίας κατέκρινεν
4 τὴν ἁμαρτίαν ἐν τῇ σαρκί, ἵνα τὸ δικαίωμα τοῦ νόμου
πληρωθῇ ἐν ἡμῖν τοῖς μὴ κατὰ σάρκα περιπατοῦσιν
5 ἀλλὰ κατὰ πνεῦμα. οἱ γὰρ κατὰ σάρκα ὄντες τὰ τῆς
σαρκὸς φρονοῦσιν, οἱ δὲ κατὰ πνεῦμα τὰ τοῦ πνεύματος.
6 τὸ γὰρ φρόνημα τῆς σαρκὸς θάνατος, τὸ δὲ φρόνημα
7 τοῦ πνεύματος ζωὴ καὶ εἰρήνη· διότι τὸ φρόνημα τῆς
σαρκὸς ἔχθρα εἰς θεόν, τῷ γὰρ νόμῳ τοῦ θεοῦ οὐχ ὑπο-
8 τάσσεται, οὐδὲ γὰρ δύναται· οἱ δὲ ἐν σαρκὶ ὄντες θεῷ
9 ἀρέσαι οὐ δύνανται. Ὑμεῖς δὲ οὐκ ἐστὲ ἐν σαρκὶ ἀλλ'
ἐν πνεύματι, εἴπερ πνεῦμα θεοῦ οἰκεῖ ἐν ὑμῖν. εἰ δέ τις
10 πνεῦμα Χριστοῦ οὐκ ἔχει, οὗτος οὐκ ἔστιν αὐτοῦ. εἰ
δὲ Χριστὸς ἐν ὑμῖν, τὸ μὲν σῶμα νεκρὸν διὰ ἁμαρτίαν
11 τὸ δὲ πνεῦμα ζωὴ διὰ δικαιοσύνην. εἰ δὲ τὸ πνεῦμα
τοῦ ἐγείραντος τὸν Ἰησοῦν ἐκ νεκρῶν οἰκεῖ ἐν ὑμῖν, ὁ
ἐγείρας Χριστὸν ἐκ νεκρῶν ζῳοποιήσει καὶ τὰ θνητὰ

σώματα ὑμῶν διὰ τοῦ ἐνοικοῦντος αὐτοῦ πνεύματος ἐν
ὑμῖν.
12 Ἄρα οὖν, ἀδελφοί, ὀφειλέται ἐσμὲν οὐ τῇ σαρκὶ
13 τοῦ κατὰ σάρκα ζῆν, εἰ γὰρ κατὰ σάρκα ζῆτε, μέλλετε
ἀποθνήσκειν· εἰ δὲ πνεύματι τὰς πράξεις τοῦ σώματος
14 θανατοῦτε, ζήσεσθε. ὅσοι γὰρ πνεύματι θεοῦ ἄγονται,
15 οὗτοι υἱοὶ θεοῦ εἰσιν. οὐ γὰρ ἐλάβετε πνεῦμα δουλείας
πάλιν εἰς φόβον ἀλλ' ἐλάβετε πνεῦμα υἱοθεσίας ἐν ᾧ
16 κράζομεν· αββα ὁ πατήρ. αὐτὸ τὸ πνεῦμα συμμαρτυρεῖ
17 τῷ πνεύματι ἡμῶν ὅτι ἐσμὲν τέκνα θεοῦ. εἰ δὲ τέκνα,
καὶ κληρονόμοι· κληρονόμοι μὲν θεοῦ, συγκληρονόμοι
δὲ Χριστοῦ, εἴπερ συμπάσχομεν ἵνα καὶ συνδοξασθῶμεν.
18 Λογίζομαι γὰρ ὅτι οὐκ ἄξια τὰ παθήματα τοῦ
νῦν καιροῦ πρὸς τὴν μέλλουσαν δόξαν ἀποκαλυ-
19 φθῆναι εἰς ἡμᾶς. ἡ γὰρ ἀποκαραδοκία τῆς κτίσεως
τὴν ἀποκάλυψιν τῶν υἱῶν τοῦ θεοῦ ἀπεκδέχεται.
20 τῇ γὰρ ματαιότητι ἡ κτίσις ὑπετάγη, οὐχ ἑκοῦσα
21 ἀλλὰ διὰ τὸν ὑποτάξαντα, ἐφ' ἑλπίδι 'ὅτι καὶ αὐτὴ
ἡ κτίσις ἐλευθερωθήσεται ἀπὸ τῆς δουλείας τῆς
φθορᾶς εἰς τὴν ἐλευθερίαν τῆς δόξης τῶν τέκνων
22 τοῦ θεοῦ. οἴδαμεν γὰρ ὅτι πᾶσα ἡ κτίσις συστενάζει
23 καὶ συνωδίνει ἄχρι τοῦ νῦν· οὐ μόνον δέ, ἀλλὰ καὶ
αὐτοὶ τὴν ἀπαρχὴν τοῦ πνεύματος ἔχοντες, ἡμεῖς

καὶ αὐτοὶ ἐν ἑαυτοῖς στενάζομεν υἱοθεσίαν ἀπεκ-
δεχόμενοι, τὴν ἀπολύτρωσιν τοῦ σώματος ἡμῶν.
24 τῇ γὰρ ἐλπίδι ἐσώθημεν· ἐλπὶς δὲ βλεπομένη οὐκ
25 ἔστιν ἐλπίς· ὃ γὰρ βλέπει τίς ἐλπίζει; εἰ δὲ ὃ οὐ
βλέπομεν ἐλπίζομεν, δι' ὑπομονῆς ἀπεκδεχόμεθα.
26 Ὡσαύτως δὲ καὶ τὸ πνεῦμα συναντιλαμβάνεται τῇ
ἀσθενείᾳ ἡμῶν· τὸ γὰρ τί προσευξώμεθα καθὸ δεῖ
οὐκ οἴδαμεν, ἀλλ' αὐτὸ τὸ πνεῦμα ὑπερεντυγχάνει
27 στεναγμοῖς ἀλαλήτοις· ὁ δὲ ἐραυνῶν τὰς καρδίας
οἶδεν τί τὸ φρόνημα τοῦ πνεύματος, ὅτι κατὰ θεὸν
28 ἐντυγχάνει ὑπὲρ ἁγίων. Οἴδαμεν δὲ ὅτι τοῖς ἀγα-
πῶσιν τὸν θεὸν πάντα συνεργεῖ εἰς ἀγαθόν, τοῖς
29 κατὰ πρόθεσιν κλητοῖς οὖσιν. ὅτι οὓς προέγνω, καὶ
προώρισεν συμμόρφους τῆς εἰκόνος τοῦ υἱοῦ αὐτοῦ,
εἰς τὸ εἶναι αὐτὸν πρωτότοκον ἐν πολλοῖς ἀδελφοῖς·
30 οὓς δὲ προώρισεν, τούτους καὶ ἐκάλεσεν· καὶ οὓς
ἐκάλεσεν, τούτους καὶ ἐδικαίωσεν· οὓς δὲ ἐδικαίωσεν,
τούτους καὶ ἐδόξασεν.

31 Τί οὖν ἐροῦμεν πρὸς ταῦτα; εἰ ὁ θεὸς ὑπὲρ ἡμῶν, τίς
32 καθ' ἡμῶν; ὅς γε τοῦ ἰδίου υἱοῦ οὐκ ἐφείσατο ἀλλ' ὑπὲρ
ἡμῶν πάντων παρέδωκεν αὐτόν, πῶς οὐχὶ καὶ σὺν αὐτῷ
33 τὰ πάντα ἡμῖν χαρίσεται; τίς ἐγκαλέσει κατὰ ἐκλεκτῶν
34 θεοῦ; θεὸς ὁ δικαιῶν· τίς ὁ κατακρινῶν; Χριστὸς Ἰησοῦς

ὁ ἀποθανών, μᾶλλον δὲ ἐγερθείς, ὃς καί ἐστιν ἐν δεξιᾷ
35 τοῦ θεοῦ, ὃς καὶ ἐντυγχάνει ὑπὲρ ἡμῶν. τίς ἡμᾶς χωρί-
σει ἀπὸ τῆς ἀγάπης τοῦ Χριστοῦ; θλῖψις ἢ στενοχωρία
ἢ διωγμὸς ἢ λιμὸς ἢ γυμνότης ἢ κίνδυνος ἢ μάχαιρα;
36 καθὼς γέγραπται ὅτι

ἕνεκεν σοῦ θανατούμεθα ὅλην τὴν ἡμέραν,
ἐλογίσθημεν ὡς πρόβατα σφαγῆς.

37 ἀλλ᾽ ἐν τούτοις πᾶσιν ὑπερνικῶμεν διὰ τοῦ ἀγαπήσαν-
38 τος ἡμᾶς. πέπεισμαι γὰρ ὅτι οὔτε θάνατος οὔτε ζωὴ
οὔτε ἄγγελοι οὔτε ἀρχαὶ οὔτε ἐνεστῶτα οὔτε μέλλοντα
39 οὔτε δυνάμεις 'οὔτε ὕψωμα οὔτε βάθος οὔτε τις κτίσις
ἑτέρα δυνήσεται ἡμᾶς χωρίσαι ἀπὸ τῆς ἀγάπης τοῦ θεοῦ
τῆς ἐν Χριστῷ Ἰησοῦ τῷ κυρίῳ ἡμῶν.

9 Ἀλήθειαν λέγω ἐν Χριστῷ, οὐ ψεύδομαι, συμμαρ-
τυρούσης μοι τῆς συνειδήσεώς μου ἐν πνεύματι
2 ἁγίῳ, ὅτι λύπη μοί ἐστιν μεγάλη καὶ ἀδιάλειπτος ὀδύ-
3 νη τῇ καρδίᾳ μου. ηὐχόμην γὰρ ἀνάθεμα εἶναι αὐτὸς
ἐγὼ ἀπὸ τοῦ Χριστοῦ ὑπὲρ τῶν ἀδελφῶν μου τῶν συγ-
4 γενῶν μου κατὰ σάρκα, οἵτινές εἰσιν Ἰσραηλῖται, ὧν ἡ
υἱοθεσία καὶ ἡ δόξα καὶ αἱ διαθῆκαι καὶ ἡ νομοθεσία
5 καὶ ἡ λατρεία καὶ αἱ ἐπαγγελίαι, ὧν οἱ πατέρες καὶ ἐξ
ὧν ὁ Χριστὸς τὸ κατὰ σάρκα, ὁ ὢν ἐπὶ πάντων θεὸς
εὐλογητὸς εἰς τοὺς αἰῶνας, ἀμήν.

6 Οὐχ οἷον δὲ ὅτι ἐκπέπτωκεν ὁ λόγος τοῦ θεοῦ. οὐ γὰρ
7 πάντες οἱ ἐξ Ἰσραὴλ οὗτοι Ἰσραήλ· οὐδ' ὅτι εἰσὶν σπέρ-
μα Ἀβραὰμ πάντες τέκνα, ἀλλ'· ἐν Ἰσαὰκ κληθήσεταί
8 σοι σπέρμα. τοῦτ' ἔστιν, οὐ τὰ τέκνα τῆς σαρκὸς ταῦτα
τέκνα τοῦ θεοῦ ἀλλὰ τὰ τέκνα τῆς ἐπαγγελίας λογίζε-
9 ται εἰς σπέρμα. ἐπαγγελίας γὰρ ὁ λόγος οὗτος· κατὰ τὸν
καιρὸν τοῦτον ἐλεύσομαι καὶ ἔσται τῇ Σάρρᾳ υἱός.
10 Οὐ μόνον δέ, ἀλλὰ καὶ Ῥεβέκκα ἐξ ἑνὸς κοίτην ἔχου-
11 σα, Ἰσαὰκ τοῦ πατρὸς ἡμῶν· μήπω γὰρ γεννηθέντων
μηδὲ πραξάντων τι ἀγαθὸν ἢ φαῦλον, ἵνα ἡ κατ' ἐκλο-
12 γὴν πρόθεσις τοῦ θεοῦ μένῃ, οὐκ ἐξ ἔργων ἀλλ' ἐκ τοῦ
καλοῦντος, ἐρρέθη αὐτῇ ὅτι ὁ μείζων δουλεύσει τῷ
13 ἐλάσσονι, καθὼς γέγραπται· τὸν Ἰακὼβ ἠγάπησα, τὸν
δὲ Ἠσαῦ ἐμίσησα.
14 Τί οὖν ἐροῦμεν; μὴ ἀδικία παρὰ τῷ θεῷ; μὴ γένοιτο.
15 τῷ Μωϋσεῖ γὰρ λέγει· ἐλεήσω ὃν ἂν ἐλεῶ καὶ οἰκτιρή-
16 σω ὃν ἂν οἰκτίρω. ἄρα οὖν οὐ τοῦ θέλοντος οὐδὲ τοῦ
17 τρέχοντος ἀλλὰ τοῦ ἐλεῶντος θεοῦ. λέγει γὰρ ἡ γραφὴ
τῷ Φαραὼ ὅτι εἰς αὐτὸ τοῦτο ἐξήγειρά σε ὅπως ἐνδεί-
ξωμαι ἐν σοὶ τὴν δύναμίν μου καὶ ὅπως διαγγελῇ τὸ
18 ὄνομά μου ἐν πάσῃ τῇ γῇ. ἄρα οὖν ὃν θέλει ἐλεεῖ, ὃν
19 δὲ θέλει σκληρύνει. Ἐρεῖς μοι οὖν· τί οὖν ἔτι μέμφεται;
20 τῷ γὰρ βουλήματι αὐτοῦ τίς ἀνθέστηκεν; ὦ ἄνθρωπε,

μενοῦνγε σὺ τίς εἶ ὁ ἀνταποκρινόμενος τῷ θεῷ; μὴ
21 ἐρεῖ τὸ πλάσμα τῷ πλάσαντι· τί με ἐποίησας οὕτως; ἢ
οὐκ ἔχει ἐξουσίαν ὁ κεραμεὺς τοῦ πηλοῦ ἐκ τοῦ αὐτοῦ
φυράματος ποιῆσαι ὃ μὲν εἰς τιμὴν σκεῦος ὃ δὲ εἰς ἀτι-
22 μίαν; εἰ δὲ θέλων ὁ θεὸς ἐνδείξασθαι τὴν ὀργὴν καὶ
γνωρίσαι τὸ δυνατὸν αὐτοῦ ἤνεγκεν ἐν πολλῇ μακρο-
23 θυμίᾳ σκεύη ὀργῆς κατηρτισμένα εἰς ἀπώλειαν, καὶ ἵνα
γνωρίσῃ τὸν πλοῦτον τῆς δόξης αὐτοῦ ἐπὶ σκεύη ἐλέ-
24 ους ἃ προητοίμασεν εἰς δόξαν; Οὓς καὶ ἐκάλεσεν ἡμᾶς
25 οὐ μόνον ἐξ Ἰουδαίων ἀλλὰ καὶ ἐξ ἐθνῶν, ὡς καὶ ἐν τῷ
Ὡσηὲ λέγει·

καλέσω τὸν οὐ λαόν μου λαόν μου
καὶ τὴν οὐκ ἠγαπημένην ἠγαπημένην·
26 καὶ ἔσται ἐν τῷ τόπῳ οὗ ἐρρέθη αὐτοῖς·
οὐ λαός μου ὑμεῖς,
ἐκεῖ κληθήσονται υἱοὶ θεοῦ ζῶντος.

27 Ἠσαΐας δὲ κράζει ὑπὲρ τοῦ Ἰσραήλ·

ἐὰν ᾖ ὁ ἀριθμὸς τῶν υἱῶν Ἰσραὴλ ὡς ἡ ἄμμος
τῆς θαλάσσης,
τὸ ὑπόλειμμα σωθήσεται·
28 λόγον γὰρ συντελῶν καὶ συντέμνων ποιήσει
κύριος ἐπὶ τῆς γῆς.

29 καὶ καθὼς προείρηκεν Ἠσαΐας·

εἰ μὴ κύριος σαβαὼθ ἐγκατέλιπεν ἡμῖν σπέρμα,
ὡς Σόδομα ἂν ἐγενήθημεν καὶ ὡς Γόμορρα
ἂν ὡμοιώθημεν.

30 Τί οὖν ἐροῦμεν; ὅτι ἔθνη τὰ μὴ διώκοντα δικαιοσύ-
νην κατέλαβεν δικαιοσύνην, δικαιοσύνην δὲ τὴν ἐκ
31 πίστεως, Ἰσραὴλ δὲ διώκων νόμον δικαιοσύνης εἰς νό-
32 μον οὐκ ἔφθασεν. διὰ τί; ὅτι οὐκ ἐκ πίστεως ἀλλ' ὡς ἐξ
33 ἔργων· προσέκοψαν τῷ λίθῳ τοῦ προσκόμματος, καθὼς
γέγραπται·

ἰδοὺ τίθημι ἐν Σιὼν λίθον προσκόμματος καὶ
πέτραν σκανδάλου,
καὶ ὁ πιστεύων ἐπ' αὐτῷ οὐ καταισχυνθήσεται.

10 Ἀδελφοί, ἡ μὲν εὐδοκία τῆς ἐμῆς καρδίας καὶ
ἡ δέησις πρὸς τὸν θεὸν ὑπὲρ αὐτῶν εἰς σω-
2 τηρίαν. μαρτυρῶ γὰρ αὐτοῖς ὅτι ζῆλον θεοῦ ἔχουσιν
3 ἀλλ' οὐ κατ' ἐπίγνωσιν· ἀγνοοῦντες γὰρ τὴν τοῦ θεοῦ
δικαιοσύνην καὶ τὴν ἰδίαν δικαιοσύνην ζητοῦντες στῆ-
4 σαι, τῇ δικαιοσύνῃ τοῦ θεοῦ οὐχ ὑπετάγησαν. τέλος
γὰρ νόμου Χριστὸς εἰς δικαιοσύνην παντὶ τῷ πιστεύ-
5 οντι. Μωϋσῆς γὰρ γράφει τὴν δικαιοσύνην τὴν ἐκ τοῦ
νόμου ὅτι ὁ ποιήσας αὐτὰ ἄνθρωπος ζήσεται ἐν αὐτοῖς.
6 ἡ δὲ ἐκ πίστεως δικαιοσύνη οὕτως λέγει· μὴ εἴπῃς ἐν τῇ
καρδίᾳ σου· τίς ἀναβήσεται εἰς τὸν οὐρανόν; τοῦτ' ἔστιν

7 Χριστὸν καταγαγεῖν· ἤ· τίς καταβήσεται εἰς τὴν ἄβυσ-
8 σον; τοῦτ᾽ ἔστιν Χριστὸν ἐκ νεκρῶν ἀναγαγεῖν. ἀλλὰ
τί λέγει; ἐγγύς σου τὸ ῥῆμά ἐστιν ἐν τῷ στόματί σου
καὶ ἐν τῇ καρδίᾳ σου, τοῦτ᾽ ἔστιν τὸ ῥῆμα τῆς πίστε-
9 ως ὃ κηρύσσομεν. ὅτι ἐὰν ὁμολογήσῃς ἐν τῷ στόματί
σου κύριον Ἰησοῦν καὶ πιστεύσῃς ἐν τῇ καρδίᾳ σου ὅτι
10 ὁ θεὸς αὐτὸν ἤγειρεν ἐκ νεκρῶν, σωθήσῃ· καρδίᾳ γὰρ
πιστεύεται εἰς δικαιοσύνην, στόματι δὲ ὁμολογεῖται εἰς
11 σωτηρίαν. λέγει γὰρ ἡ γραφή· πᾶς ὁ πιστεύων ἐπ᾽ αὐτῷ
12 οὐ καταισχυνθήσεται. οὐ γάρ ἐστιν διαστολὴ Ἰουδαίου
τε καὶ Ἕλληνος, ὁ γὰρ αὐτὸς κύριος πάντων, πλουτῶν
13 εἰς πάντας τοὺς ἐπικαλουμένους αὐτόν· πᾶς γὰρ ὃς ἂν
ἐπικαλέσηται τὸ ὄνομα κυρίου σωθήσεται.

14 Πῶς οὖν ἐπικαλέσωνται εἰς ὃν οὐκ ἐπίστευσαν; πῶς
δὲ πιστεύσωσιν οὗ οὐκ ἤκουσαν; πῶς δὲ ἀκούσωσιν
15 χωρὶς κηρύσσοντος; πῶς δὲ κηρύξωσιν ἐὰν μὴ ἀπο-
σταλῶσιν; καθὼς γέγραπται· ὡς ὡραῖοι οἱ πόδες τῶν
16 εὐαγγελιζομένων τὰ ἀγαθά. Ἀλλ᾽ οὐ πάντες ὑπήκουσαν
τῷ εὐαγγελίῳ. Ἠσαΐας γὰρ λέγει· κύριε, τίς ἐπίστευσεν
17 τῇ ἀκοῇ ἡμῶν; ἄρα ἡ πίστις ἐξ ἀκοῆς, ἡ δὲ ἀκοὴ διὰ ῥή-
18 ματος Χριστοῦ. ἀλλὰ λέγω, μὴ οὐκ ἤκουσαν; μενοῦνγε·

εἰς πᾶσαν τὴν γῆν ἐξῆλθεν ὁ φθόγγος αὐτῶν
καὶ εἰς τὰ πέρατα τῆς οἰκουμένης τὰ ῥήματα αὐτῶν.

19 ἀλλὰ λέγω, μὴ Ἰσραὴλ οὐκ ἔγνω; πρῶτος Μωϋσῆς λέγει·
ἐγὼ παραζηλώσω ὑμᾶς ἐπ' οὐκ ἔθνει,
ἐπ' ἔθνει ἀσυνέτῳ παροργιῶ ὑμᾶς.
20 Ἠσαΐας δὲ ἀποτολμᾷ καὶ λέγει·
εὑρέθην ἐν τοῖς ἐμὲ μὴ ζητοῦσιν,
ἐμφανὴς ἐγενόμην τοῖς ἐμὲ μὴ ἐπερωτῶσιν.
21 πρὸς δὲ τὸν Ἰσραὴλ λέγει·
ὅλην τὴν ἡμέραν ἐξεπέτασα τὰς χεῖράς μου
πρὸς λαὸν ἀπειθοῦντα καὶ ἀντιλέγοντα.

11 Λέγω οὖν, μὴ ἀπώσατο ὁ θεὸς τὸν λαὸν αὐτοῦ;
μὴ γένοιτο· καὶ γὰρ ἐγὼ Ἰσραηλίτης εἰμί, ἐκ
2 σπέρματος Ἀβραάμ, φυλῆς Βενιαμίν. οὐκ ἀπώσατο ὁ θεὸς
τὸν λαὸν αὐτοῦ ὃν προέγνω. ἢ οὐκ οἴδατε ἐν Ἠλίᾳ τί
λέγει ἡ γραφή, ὡς ἐντυγχάνει τῷ θεῷ κατὰ τοῦ Ἰσραήλ;
3 κύριε, τοὺς προφήτας σου ἀπέκτειναν, τὰ θυσιαστήριά
σου κατέσκαψαν, κἀγὼ ὑπελείφθην μόνος καὶ ζητοῦ-
4 σιν τὴν ψυχήν μου. ἀλλὰ τί λέγει αὐτῷ ὁ χρηματισμός;
κατέλιπον ἐμαυτῷ ἑπτακισχιλίους ἄνδρας, οἵτινες οὐκ
5 ἔκαμψαν γόνυ τῇ Βάαλ. οὕτως οὖν καὶ ἐν τῷ νῦν και-
6 ρῷ λεῖμμα κατ' ἐκλογὴν χάριτος γέγονεν· εἰ δὲ χάριτι,
7 οὐκέτι ἐξ ἔργων, ἐπεὶ ἡ χάρις οὐκέτι γίνεται χάρις. Τί
οὖν; ὃ ἐπιζητεῖ Ἰσραήλ, τοῦτο οὐκ ἐπέτυχεν, ἡ δὲ ἐκλογὴ
8 ἐπέτυχεν· οἱ δὲ λοιποὶ ἐπωρώθησαν, καθὼς γέγραπται·

ἔδωκεν αὐτοῖς ὁ θεὸς πνεῦμα κατανύξεως,
ὀφθαλμοὺς τοῦ μὴ βλέπειν καὶ ὦτα τοῦ μὴ ἀκούειν,
ἕως τῆς σήμερον ἡμέρας.
9 καὶ Δαυὶδ λέγει·
γενηθήτω ἡ τράπεζα αὐτῶν εἰς παγίδα καὶ εἰς θήραν
καὶ εἰς σκάνδαλον καὶ εἰς ἀνταπόδομα αὐτοῖς,
10 σκοτισθήτωσαν οἱ ὀφθαλμοὶ αὐτῶν τοῦ μὴ βλέπειν
καὶ τὸν νῶτον αὐτῶν διὰ παντὸς σύγκαμψον.
11 Λέγω οὖν, μὴ ἔπταισαν ἵνα πέσωσιν; μὴ γένοιτο·
ἀλλὰ τῷ αὐτῶν παραπτώματι ἡ σωτηρία τοῖς ἔθνε-
12 σιν εἰς τὸ παραζηλῶσαι αὐτούς. εἰ δὲ τὸ παράπτωμα
αὐτῶν πλοῦτος κόσμου καὶ τὸ ἥττημα αὐτῶν πλοῦτος
13 ἐθνῶν, πόσῳ μᾶλλον τὸ πλήρωμα αὐτῶν. Ὑμῖν δὲ
λέγω τοῖς ἔθνεσιν· ἐφ' ὅσον μὲν οὖν εἰμι ἐγὼ ἐθνῶν
14 ἀπόστολος, τὴν διακονίαν μου δοξάζω, εἴ πως παρα-
ζηλώσω μου τὴν σάρκα καὶ σώσω τινὰς ἐξ αὐτῶν.
15 εἰ γὰρ ἡ ἀποβολὴ αὐτῶν καταλλαγὴ κόσμου, τίς ἡ
16 πρόσλημψις εἰ μὴ ζωὴ ἐκ νεκρῶν; εἰ δὲ ἡ ἀπαρχὴ
ἁγία, καὶ τὸ φύραμα· καὶ εἰ ἡ ῥίζα ἁγία, καὶ οἱ κλά-
17 δοι. Εἰ δέ τινες τῶν κλάδων ἐξεκλάσθησαν, σὺ δὲ
ἀγριέλαιος ὢν ἐνεκεντρίσθης ἐν αὐτοῖς καὶ συγκοι-
18 νωνὸς τῆς ῥίζης τῆς πιότητος τῆς ἐλαίας ἐγένου, μὴ
κατακαυχῶ τῶν κλάδων· εἰ δὲ κατακαυχᾶσαι οὐ σὺ

19 τὴν ῥίζαν βαστάζεις ἀλλ' ἡ ῥίζα σέ. ἐρεῖς οὖν· ἐξε-
20 κλάσθησαν κλάδοι ἵνα ἐγὼ ἐγκεντρισθῶ. καλῶς· τῇ
ἀπιστίᾳ ἐξεκλάσθησαν, σὺ δὲ τῇ πίστει ἕστηκας. μὴ
21 ὑψηλὰ φρόνει ἀλλὰ φοβοῦ· εἰ γὰρ ὁ θεὸς τῶν κατὰ
φύσιν κλάδων οὐκ ἐφείσατο, μή πως οὐδὲ σοῦ φεί-
22 σεται. ἴδε οὖν χρηστότητα καὶ ἀποτομίαν θεοῦ· ἐπὶ
μὲν τοὺς πεσόντας ἀποτομία, ἐπὶ δὲ σὲ χρηστότης
θεοῦ, ἐὰν ἐπιμένῃς τῇ χρηστότητι, ἐπεὶ καὶ σὺ ἐκ-
23 κοπήσῃ. κἀκεῖνοι δέ, ἐὰν μὴ ἐπιμένωσιν τῇ ἀπιστίᾳ,
ἐγκεντρισθήσονται· δυνατὸς γάρ ἐστιν ὁ θεὸς πάλιν
24 ἐγκεντρίσαι αὐτούς. εἰ γὰρ σὺ ἐκ τῆς κατὰ φύσιν
ἐξεκόπης ἀγριελαίου καὶ παρὰ φύσιν ἐνεκεντρίσθης
εἰς καλλιέλαιον, πόσῳ μᾶλλον οὗτοι οἱ κατὰ φύσιν
ἐγκεντρισθήσονται τῇ ἰδίᾳ ἐλαίᾳ.

25 Οὐ γὰρ θέλω ὑμᾶς ἀγνοεῖν, ἀδελφοί, τὸ μυστήριον
τοῦτο, ἵνα μὴ ἦτε παρ' ἑαυτοῖς φρόνιμοι, ὅτι πώρωσις
ἀπὸ μέρους τῷ Ἰσραὴλ γέγονεν ἄχρι οὗ τὸ πλήρωμα
26 τῶν ἐθνῶν εἰσέλθῃ 'καὶ οὕτως πᾶς Ἰσραὴλ σωθήσεται,
καθὼς γέγραπται·

ἥξει ἐκ Σιὼν ὁ ῥυόμενος,
ἀποστρέψει ἀσεβείας ἀπὸ Ἰακώβ.
27 καὶ αὕτη αὐτοῖς ἡ παρ' ἐμοῦ διαθήκη,
ὅταν ἀφέλωμαι τὰς ἁμαρτίας αὐτῶν.

28 Κατὰ μὲν τὸ εὐαγγέλιον ἐχθροὶ δι’ ὑμᾶς, κατὰ δὲ τὴν
29 ἐκλογὴν ἀγαπητοὶ διὰ τοὺς πατέρας· ἀμεταμέλητα γὰρ
30 τὰ χαρίσματα καὶ ἡ κλῆσις τοῦ θεοῦ. ὥσπερ γὰρ ὑμεῖς
ποτε ἠπειθήσατε τῷ θεῷ, νῦν δὲ ἠλεήθητε τῇ τούτων
31 ἀπειθείᾳ, οὕτως καὶ οὗτοι νῦν ἠπείθησαν τῷ ὑμετέρῳ
32 ἐλέει, ἵνα καὶ αὐτοὶ νῦν ἐλεηθῶσιν. συνέκλεισεν γὰρ
ὁ θεὸς τοὺς πάντας εἰς ἀπείθειαν, ἵνα τοὺς πάντας
ἐλεήσῃ.

33 Ὦ βάθος πλούτου
καὶ σοφίας καὶ γνώσεως θεοῦ·
ὡς ἀνεξεραύνητα τὰ κρίματα αὐτοῦ
καὶ ἀνεξιχνίαστοι αἱ ὁδοὶ αὐτοῦ.
34 τίς γὰρ ἔγνω νοῦν κυρίου;
ἢ τίς σύμβουλος αὐτοῦ ἐγένετο;
35 ἢ τίς προέδωκεν αὐτῷ,
καὶ ἀνταποδοθήσεται αὐτῷ;
36 ὅτι ἐξ αὐτοῦ καὶ δι’ αὐτοῦ καὶ εἰς αὐτὸν τὰ πάντα·
αὐτῷ ἡ δόξα εἰς τοὺς αἰῶνας, ἀμήν.

12 Παρακαλῶ οὖν ὑμᾶς, ἀδελφοί, διὰ τῶν οἰκτιρ-
μῶν τοῦ θεοῦ παραστῆσαι τὰ σώματα ὑμῶν
θυσίαν ζῶσαν ἁγίαν εὐάρεστον τῷ θεῷ, τὴν λογικὴν
2 λατρείαν ὑμῶν· καὶ μὴ συσχηματίζεσθε τῷ αἰῶνι τού-
τῳ, ἀλλὰ μεταμορφοῦσθε τῇ ἀνακαινώσει τοῦ νοὸς εἰς

τὸ δοκιμάζειν ὑμᾶς τί τὸ θέλημα τοῦ θεοῦ, τὸ ἀγαθὸν
καὶ εὐάρεστον καὶ τέλειον.
3 Λέγω γὰρ διὰ τῆς χάριτος τῆς δοθείσης μοι παντὶ τῷ
ὄντι ἐν ὑμῖν μὴ ὑπερφρονεῖν παρ' ὃ δεῖ φρονεῖν ἀλλὰ
φρονεῖν εἰς τὸ σωφρονεῖν, ἑκάστῳ ὡς ὁ θεὸς ἐμέρισεν
4 μέτρον πίστεως. καθάπερ γὰρ ἐν ἑνὶ σώματι πολλὰ
μέλη ἔχομεν, τὰ δὲ μέλη πάντα οὐ τὴν αὐτὴν ἔχει
5 πρᾶξιν, οὕτως οἱ πολλοὶ ἓν σῶμά ἐσμεν ἐν Χριστῷ, τὸ
6 δὲ καθ' εἷς ἀλλήλων μέλη. ἔχοντες δὲ χαρίσματα κατὰ
τὴν χάριν τὴν δοθεῖσαν ἡμῖν διάφορα, εἴτε προφητείαν
7 κατὰ τὴν ἀναλογίαν τῆς πίστεως, εἴτε διακονίαν ἐν
8 τῇ διακονίᾳ, εἴτε ὁ διδάσκων ἐν τῇ διδασκαλίᾳ, εἴτε ὁ
παρακαλῶν ἐν τῇ παρακλήσει· ὁ μεταδιδοὺς ἐν ἁπλό-
τητι, ὁ προϊστάμενος ἐν σπουδῇ, ὁ ἐλεῶν ἐν ἱλαρότητι.
9 Ἡ ἀγάπη ἀνυπόκριτος. ἀποστυγοῦντες τὸ πονηρόν,
10 κολλώμενοι τῷ ἀγαθῷ, τῇ φιλαδελφίᾳ εἰς ἀλλήλους
11 φιλόστοργοι, τῇ τιμῇ ἀλλήλους προηγούμενοι, τῇ
σπουδῇ μὴ ὀκνηροί, τῷ πνεύματι ζέοντες, τῷ κυρίῳ
12 δουλεύοντες, τῇ ἐλπίδι χαίροντες, τῇ θλίψει ὑπομέ-
13 νοντες, τῇ προσευχῇ προσκαρτεροῦντες, ταῖς χρείαις
τῶν ἁγίων κοινωνοῦντες, τὴν φιλοξενίαν διώκον-
14 τες. εὐλογεῖτε τοὺς διώκοντας ὑμᾶς, εὐλογεῖτε καὶ
15 μὴ καταρᾶσθε. χαίρειν μετὰ χαιρόντων, κλαίειν μετὰ

16 κλαιόντων. τὸ αὐτὸ εἰς ἀλλήλους φρονοῦντες, μὴ
τὰ ὑψηλὰ φρονοῦντες ἀλλὰ τοῖς ταπεινοῖς συναπα-
17 γόμενοι. μὴ γίνεσθε φρόνιμοι παρ᾽ ἑαυτοῖς. μηδενὶ
κακὸν ἀντὶ κακοῦ ἀποδιδόντες, προνοούμενοι καλὰ
18 ἐνώπιον πάντων ἀνθρώπων· εἰ δυνατὸν τὸ ἐξ ὑμῶν,
19 μετὰ πάντων ἀνθρώπων εἰρηνεύοντες· μὴ ἑαυτοὺς
ἐκδικοῦντες, ἀγαπητοί, ἀλλὰ δότε τόπον τῇ ὀργῇ, γέ-
γραπται γάρ· ἐμοὶ ἐκδίκησις, ἐγὼ ἀνταποδώσω, λέγει
20 κύριος. ἀλλ᾽ ἐὰν πεινᾷ ὁ ἐχθρός σου, ψώμιζε αὐτόν·
ἐὰν διψᾷ, πότιζε αὐτόν· τοῦτο γὰρ ποιῶν ἄνθρακας
21 πυρὸς σωρεύσεις ἐπὶ τὴν κεφαλὴν αὐτοῦ. μὴ νικῶ ὑπὸ
τοῦ κακοῦ ἀλλὰ νίκα ἐν τῷ ἀγαθῷ τὸ κακόν.

13 Πᾶσα ψυχὴ ἐξουσίαις ὑπερεχούσαις ὑποτασσέ-
σθω. οὐ γὰρ ἔστιν ἐξουσία εἰ μὴ ὑπὸ θεοῦ, αἱ
2 δὲ οὖσαι ὑπὸ θεοῦ τεταγμέναι εἰσίν. ὥστε ὁ ἀντιτασσό-
μενος τῇ ἐξουσίᾳ τῇ τοῦ θεοῦ διαταγῇ ἀνθέστηκεν, οἱ
3 δὲ ἀνθεστηκότες ἑαυτοῖς κρίμα λήμψονται. οἱ γὰρ ἄρ-
χοντες οὐκ εἰσὶν φόβος τῷ ἀγαθῷ ἔργῳ ἀλλὰ τῷ κακῷ.
θέλεις δὲ μὴ φοβεῖσθαι τὴν ἐξουσίαν· τὸ ἀγαθὸν ποίει,
4 καὶ ἕξεις ἔπαινον ἐξ αὐτῆς· θεοῦ γὰρ διάκονός ἐστιν
σοὶ εἰς τὸ ἀγαθόν. ἐὰν δὲ τὸ κακὸν ποιῇς, φοβοῦ· οὐ
γὰρ εἰκῇ τὴν μάχαιραν φορεῖ· θεοῦ γὰρ διάκονός ἐστιν
5 ἔκδικος εἰς ὀργὴν τῷ τὸ κακὸν πράσσοντι. διὸ ἀνάγκη

ὑποτάσσεσθαι, οὐ μόνον διὰ τὴν ὀργὴν ἀλλὰ καὶ διὰ τὴν
6 συνείδησιν. διὰ τοῦτο γὰρ καὶ φόρους τελεῖτε· λειτουρ-
γοὶ γὰρ θεοῦ εἰσιν εἰς αὐτὸ τοῦτο προσκαρτεροῦντες.
7 ἀπόδοτε πᾶσιν τὰς ὀφειλάς, τῷ τὸν φόρον τὸν φόρον,
τῷ τὸ τέλος τὸ τέλος, τῷ τὸν φόβον τὸν φόβον, τῷ τὴν
τιμὴν τὴν τιμήν.

8 Μηδενὶ μηδὲν ὀφείλετε εἰ μὴ τὸ ἀλλήλους ἀγαπᾶν· ὁ
9 γὰρ ἀγαπῶν τὸν ἕτερον νόμον πεπλήρωκεν. τὸ γὰρ οὐ
μοιχεύσεις, οὐ φονεύσεις, οὐ κλέψεις, οὐκ ἐπιθυμήσεις,
καὶ εἴ τις ἑτέρα ἐντολή, ἐν τῷ λόγῳ τούτῳ ἀνακεφα-
λαιοῦται ἐν τῷ· ἀγαπήσεις τὸν πλησίον σου ὡς σεαυτόν.
10 ἡ ἀγάπη τῷ πλησίον κακὸν οὐκ ἐργάζεται· πλήρωμα
11 οὖν νόμου ἡ ἀγάπη. Καὶ τοῦτο εἰδότες τὸν καιρόν, ὅτι
ὥρα ἤδη ὑμᾶς ἐξ ὕπνου ἐγερθῆναι, νῦν γὰρ ἐγγύτερον
12 ἡμῶν ἡ σωτηρία ἢ ὅτε ἐπιστεύσαμεν. ἡ νὺξ προέκο-
ψεν, ἡ δὲ ἡμέρα ἤγγικεν. ἀποθώμεθα οὖν τὰ ἔργα τοῦ
13 σκότους, ἐνδυσώμεθα δὲ τὰ ὅπλα τοῦ φωτός. ὡς ἐν
ἡμέρᾳ εὐσχημόνως περιπατήσωμεν, μὴ κώμοις καὶ μέ-
14 θαις, μὴ κοίταις καὶ ἀσελγείαις, μὴ ἔριδι καὶ ζήλῳ, ἀλλ'
ἐνδύσασθε τὸν κύριον Ἰησοῦν Χριστὸν καὶ τῆς σαρκὸς
πρόνοιαν μὴ ποιεῖσθε εἰς ἐπιθυμίας.

14 Τὸν δὲ ἀσθενοῦντα τῇ πίστει προσλαμβάνε-
2 σθε, μὴ εἰς διακρίσεις διαλογισμῶν. ὃς μὲν

....

....

....

....

....

....

....

....

....

....

....

....

....

....

....

....

....

....

....

....

....

....

....

πιστεύει φαγεῖν πάντα, ὁ δὲ ἀσθενῶν λάχανα ἐσθίει.
3 ὁ ἐσθίων τὸν μὴ ἐσθίοντα μὴ ἐξουθενείτω, ὁ δὲ μὴ
ἐσθίων τὸν ἐσθίοντα μὴ κρινέτω, ὁ θεὸς γὰρ αὐτὸν
4 προσελάβετο. σὺ τίς εἶ ὁ κρίνων ἀλλότριον οἰκέτην;
τῷ ἰδίῳ κυρίῳ στήκει ἢ πίπτει· σταθήσεται δέ, δυνατεῖ
5 γὰρ ὁ κύριος στῆσαι αὐτόν. Ὃς μὲν γὰρ κρίνει ἡμέραν
παρ' ἡμέραν, ὃς δὲ κρίνει πᾶσαν ἡμέραν· ἕκαστος ἐν
6 τῷ ἰδίῳ νοῒ πληροφορείσθω. ὁ φρονῶν τὴν ἡμέραν
κυρίῳ φρονεῖ· καὶ ὁ ἐσθίων κυρίῳ ἐσθίει, εὐχαριστεῖ
γὰρ τῷ θεῷ· καὶ ὁ μὴ ἐσθίων κυρίῳ οὐκ ἐσθίει καὶ εὐ-
7 χαριστεῖ τῷ θεῷ. οὐδεὶς γὰρ ἡμῶν ἑαυτῷ ζῇ καὶ οὐδεὶς
8 ἑαυτῷ ἀποθνῄσκει· ἐάν τε γὰρ ζῶμεν, τῷ κυρίῳ ζῶ-
μεν, ἐάν τε ἀποθνῄσκωμεν, τῷ κυρίῳ ἀποθνῄσκομεν.
ἐάν τε οὖν ζῶμεν ἐάν τε ἀποθνῄσκωμεν, τοῦ κυρίου
9 ἐσμέν. εἰς τοῦτο γὰρ Χριστὸς ἀπέθανεν καὶ ἔζησεν, ἵνα
10 καὶ νεκρῶν καὶ ζώντων κυριεύσῃ. Σὺ δὲ τί κρίνεις τὸν
ἀδελφόν σου; ἢ καὶ σὺ τί ἐξουθενεῖς τὸν ἀδελφόν σου;
11 πάντες γὰρ παραστησόμεθα τῷ βήματι τοῦ θεοῦ, γέ-
γραπται γάρ·

> ζῶ ἐγώ, λέγει κύριος, ὅτι ἐμοὶ κάμψει πᾶν γόνυ
> καὶ πᾶσα γλῶσσα ἐξομολογήσεται τῷ θεῷ.

12 ἄρα οὖν ἕκαστος ἡμῶν περὶ ἑαυτοῦ λόγον δώσει τῷ
θεῷ.

13 Μηκέτι οὖν ἀλλήλους κρίνωμεν· ἀλλὰ τοῦτο κρίνατε
μᾶλλον, τὸ μὴ τιθέναι πρόσκομμα τῷ ἀδελφῷ ἢ σκάν-
14 δαλον. οἶδα καὶ πέπεισμαι ἐν κυρίῳ Ἰησοῦ ὅτι οὐδὲν
κοινὸν δι' ἑαυτοῦ, εἰ μὴ τῷ λογιζομένῳ τι κοινὸν εἶ-
15 ναι, ἐκείνῳ κοινόν. εἰ γὰρ διὰ βρῶμα ὁ ἀδελφός σου
λυπεῖται, οὐκέτι κατὰ ἀγάπην περιπατεῖς· μὴ τῷ βρώ-
ματί σου ἐκεῖνον ἀπόλλυε ὑπὲρ οὗ Χριστὸς ἀπέθανεν.
16-17 μὴ βλασφημείσθω οὖν ὑμῶν τὸ ἀγαθόν. οὐ γάρ ἐστιν ἡ
βασιλεία τοῦ θεοῦ βρῶσις καὶ πόσις ἀλλὰ δικαιοσύνη
18 καὶ εἰρήνη καὶ χαρὰ ἐν πνεύματι ἁγίῳ· ὁ γὰρ ἐν τούτῳ
δουλεύων τῷ Χριστῷ εὐάρεστος τῷ θεῷ καὶ δόκιμος
19 τοῖς ἀνθρώποις. Ἄρα οὖν τὰ τῆς εἰρήνης διώκωμεν καὶ
20 τὰ τῆς οἰκοδομῆς τῆς εἰς ἀλλήλους. μὴ ἕνεκεν βρώ-
ματος κατάλυε τὸ ἔργον τοῦ θεοῦ. πάντα μὲν καθαρά,
ἀλλὰ κακὸν τῷ ἀνθρώπῳ τῷ διὰ προσκόμματος ἐσθίον-
21 τι. καλὸν τὸ μὴ φαγεῖν κρέα μηδὲ πιεῖν οἶνον μηδὲ ἐν
22 ᾧ ὁ ἀδελφός σου προσκόπτει. σὺ πίστιν ἣν ἔχεις κατὰ
σεαυτὸν ἔχε ἐνώπιον τοῦ θεοῦ. μακάριος ὁ μὴ κρίνων
23 ἑαυτὸν ἐν ᾧ δοκιμάζει· ὁ δὲ διακρινόμενος ἐὰν φάγῃ
κατακέκριται, ὅτι οὐκ ἐκ πίστεως· πᾶν δὲ ὃ οὐκ ἐκ πί-
στεως ἁμαρτία ἐστίν.

15 Ὀφείλομεν δὲ ἡμεῖς οἱ δυνατοὶ τὰ ἀσθενήμα-
τα τῶν ἀδυνάτων βαστάζειν καὶ μὴ ἑαυτοῖς

2 ἀρέσκειν. ἕκαστος ἡμῶν τῷ πλησίον ἀρεσκέτω εἰς τὸ
3 ἀγαθὸν πρὸς οἰκοδομήν· καὶ γὰρ ὁ Χριστὸς οὐχ ἑαυτῷ
ἤρεσεν, ἀλλὰ καθὼς γέγραπται· οἱ ὀνειδισμοὶ τῶν ὀνει-
4 διζόντων σε ἐπέπεσαν ἐπ᾽ ἐμέ. ὅσα γὰρ προεγράφη, εἰς
τὴν ἡμετέραν διδασκαλίαν ἐγράφη, ἵνα διὰ τῆς ὑπομο-
νῆς καὶ διὰ τῆς παρακλήσεως τῶν γραφῶν τὴν ἐλπίδα
5 ἔχωμεν. ὁ δὲ θεὸς τῆς ὑπομονῆς καὶ τῆς παρακλήσεως
δῴη ὑμῖν τὸ αὐτὸ φρονεῖν ἐν ἀλλήλοις κατὰ Χριστὸν
6 Ἰησοῦν, ἵνα ὁμοθυμαδὸν ἐν ἑνὶ στόματι δοξάζητε τὸν
θεὸν καὶ πατέρα τοῦ κυρίου ἡμῶν Ἰησοῦ Χριστοῦ.

7 Διὸ προσλαμβάνεσθε ἀλλήλους, καθὼς καὶ ὁ Χριστὸς
8 προσελάβετο ὑμᾶς εἰς δόξαν τοῦ θεοῦ. λέγω γὰρ Χριστὸν
διάκονον γεγενῆσθαι περιτομῆς ὑπὲρ ἀληθείας θεοῦ,
9 εἰς τὸ βεβαιῶσαι τὰς ἐπαγγελίας τῶν πατέρων, τὰ δὲ
ἔθνη ὑπὲρ ἐλέους δοξάσαι τὸν θεόν, καθὼς γέγραπται·

διὰ τοῦτο ἐξομολογήσομαί σοι ἐν ἔθνεσιν
καὶ τῷ ὀνόματί σου ψαλῶ.

10 καὶ πάλιν λέγει·

εὐφράνθητε, ἔθνη, μετὰ τοῦ λαοῦ αὐτοῦ.

11 καὶ πάλιν·

αἰνεῖτε, πάντα τὰ ἔθνη, τὸν κύριον
καὶ ἐπαινεσάτωσαν αὐτὸν πάντες οἱ λαοί.

12 καὶ πάλιν Ἠσαΐας λέγει·

ἔσται ἡ ῥίζα τοῦ Ἰεσσαὶ
καὶ ὁ ἀνιστάμενος ἄρχειν ἐθνῶν,
ἐπ' αὐτῷ ἔθνη ἐλπιοῦσιν.

13 Ὁ δὲ θεὸς τῆς ἐλπίδος πληρώσαι ὑμᾶς πάσης χαρᾶς καὶ
εἰρήνης ἐν τῷ πιστεύειν, εἰς τὸ περισσεύειν ὑμᾶς ἐν τῇ
ἐλπίδι ἐν δυνάμει πνεύματος ἁγίου.
14 Πέπεισμαι δέ, ἀδελφοί μου, καὶ αὐτὸς ἐγὼ περὶ ὑμῶν
ὅτι καὶ αὐτοὶ μεστοί ἐστε ἀγαθωσύνης, πεπληρωμένοι
πάσης τῆς γνώσεως, δυνάμενοι καὶ ἀλλήλους νουθετεῖν.
15 τολμηρότερον δὲ ἔγραψα ὑμῖν ἀπὸ μέρους ὡς ἐπαναμι-
μνῄσκων ὑμᾶς διὰ τὴν χάριν τὴν δοθεῖσάν μοι ὑπὸ τοῦ
16 θεοῦ 'εἰς τὸ εἶναί με λειτουργὸν Χριστοῦ Ἰησοῦ εἰς τὰ
ἔθνη, ἱερουργοῦντα τὸ εὐαγγέλιον τοῦ θεοῦ, ἵνα γένη-
ται ἡ προσφορὰ τῶν ἐθνῶν εὐπρόσδεκτος, ἡγιασμένη ἐν
17 πνεύματι ἁγίῳ. ἔχω οὖν τὴν καύχησιν ἐν Χριστῷ Ἰησοῦ
18 τὰ πρὸς τὸν θεόν· οὐ γὰρ τολμήσω τι λαλεῖν ὧν οὐ κατ-
ειργάσατο Χριστὸς δι' ἐμοῦ εἰς ὑπακοὴν ἐθνῶν, λόγῳ
19 καὶ ἔργῳ, ἐν δυνάμει σημείων καὶ τεράτων, ἐν δυνάμει
πνεύματος θεοῦ· ὥστε με ἀπὸ Ἰερουσαλὴμ καὶ κύκλῳ
μέχρι τοῦ Ἰλλυρικοῦ πεπληρωκέναι τὸ εὐαγγέλιον τοῦ
20 Χριστοῦ, οὕτως δὲ φιλοτιμούμενον εὐαγγελίζεσθαι οὐχ
ὅπου ὠνομάσθη Χριστός, ἵνα μὴ ἐπ' ἀλλότριον θεμέλι-
21 ον οἰκοδομῶ, ἀλλὰ καθὼς γέγραπται·

οἷς οὐκ ἀνηγγέλη περὶ αὐτοῦ ὄψονται,
καὶ οἳ οὐκ ἀκηκόασιν συνήσουσιν.

22 Διὸ καὶ ἐνεκοπτόμην τὰ πολλὰ τοῦ ἐλθεῖν πρὸς ὑμᾶς·
23 νυνὶ δὲ μηκέτι τόπον ἔχων ἐν τοῖς κλίμασιν τούτοις,
ἐπιποθίαν δὲ ἔχων τοῦ ἐλθεῖν πρὸς ὑμᾶς ἀπὸ πολλῶν
24 ἐτῶν, ὡς ἂν πορεύωμαι εἰς τὴν Σπανίαν· ἐλπίζω γὰρ
διαπορευόμενος θεάσασθαι ὑμᾶς καὶ ὑφ' ὑμῶν προπεμ-
φθῆναι ἐκεῖ ἐὰν ὑμῶν πρῶτον ἀπὸ μέρους ἐμπλησθῶ.
25 Νυνὶ δὲ πορεύομαι εἰς Ἰερουσαλὴμ διακονῶν τοῖς ἁγί-
26 οις. εὐδόκησαν γὰρ Μακεδονία καὶ Ἀχαΐα κοινωνίαν
τινὰ ποιήσασθαι εἰς τοὺς πτωχοὺς τῶν ἁγίων τῶν ἐν
27 Ἰερουσαλήμ. εὐδόκησαν γὰρ καὶ ὀφειλέται εἰσὶν αὐτῶν·
εἰ γὰρ τοῖς πνευματικοῖς αὐτῶν ἐκοινώνησαν τὰ ἔθνη,
ὀφείλουσιν καὶ ἐν τοῖς σαρκικοῖς λειτουργῆσαι αὐτοῖς.
28 τοῦτο οὖν ἐπιτελέσας καὶ σφραγισάμενος αὐτοῖς τὸν
29 καρπὸν τοῦτον, ἀπελεύσομαι δι' ὑμῶν εἰς Σπανίαν· οἶδα
δὲ ὅτι ἐρχόμενος πρὸς ὑμᾶς ἐν πληρώματι εὐλογίας
Χριστοῦ ἐλεύσομαι.

30 Παρακαλῶ δὲ ὑμᾶς, ἀδελφοί, διὰ τοῦ κυρίου ἡμῶν
Ἰησοῦ Χριστοῦ καὶ διὰ τῆς ἀγάπης τοῦ πνεύματος συνα-
γωνίσασθαί μοι ἐν ταῖς προσευχαῖς ὑπὲρ ἐμοῦ πρὸς τὸν
31 θεόν, ἵνα ῥυσθῶ ἀπὸ τῶν ἀπειθούντων ἐν τῇ Ἰουδαίᾳ
καὶ ἡ διακονία μου ἡ εἰς Ἰερουσαλὴμ εὐπρόσδεκτος

32 τοῖς ἁγίοις γένηται, ἵνα ἐν χαρᾷ ἐλθὼν πρὸς ὑμᾶς διὰ
33 θελήματος θεοῦ συναναπαύσωμαι ὑμῖν. Ὁ δὲ θεὸς τῆς
εἰρήνης μετὰ πάντων ὑμῶν, ἀμήν.

16 Συνίστημι δὲ ὑμῖν Φοίβην τὴν ἀδελφὴν ἡμῶν,
οὖσαν καὶ διάκονον τῆς ἐκκλησίας τῆς ἐν
2 Κεγχρεαῖς, ἵνα αὐτὴν προσδέξησθε ἐν κυρίῳ ἀξίως τῶν
ἁγίων καὶ παραστῆτε αὐτῇ ἐν ᾧ ἂν ὑμῶν χρῄζῃ πράγ-
ματι· καὶ γὰρ αὐτὴ προστάτις πολλῶν ἐγενήθη καὶ ἐμοῦ
αὐτοῦ.

3 Ἀσπάσασθε Πρίσκαν καὶ Ἀκύλαν τοὺς συνεργούς
4 μου ἐν Χριστῷ Ἰησοῦ, οἵτινες ὑπὲρ τῆς ψυχῆς μου τὸν
ἑαυτῶν τράχηλον ὑπέθηκαν, οἷς οὐκ ἐγὼ μόνος εὐχα-
5 ριστῶ ἀλλὰ καὶ πᾶσαι αἱ ἐκκλησίαι τῶν ἐθνῶν, καὶ τὴν
κατ᾽ οἶκον αὐτῶν ἐκκλησίαν. ἀσπάσασθε Ἐπαίνετον τὸν
ἀγαπητόν μου, ὅς ἐστιν ἀπαρχὴ τῆς Ἀσίας εἰς Χριστόν.
6 ἀσπάσασθε Μαρίαν, ἥτις πολλὰ ἐκοπίασεν εἰς ὑμᾶς.
7 ἀσπάσασθε Ἀνδρόνικον καὶ Ἰουνίαν τοὺς συγγενεῖς
μου καὶ συναιχμαλώτους μου, οἵτινές εἰσιν ἐπίσημοι
ἐν τοῖς ἀποστόλοις, οἳ καὶ πρὸ ἐμοῦ γέγοναν ἐν Χριστῷ.
8 ἀσπάσασθε Ἀμπλιᾶτον τὸν ἀγαπητόν μου ἐν κυρίῳ.
9 ἀσπάσασθε Οὐρβανὸν τὸν συνεργὸν ἡμῶν ἐν Χριστῷ
10 καὶ Στάχυν τὸν ἀγαπητόν μου. ἀσπάσασθε Ἀπελλῆν
τὸν δόκιμον ἐν Χριστῷ. ἀσπάσασθε τοὺς ἐκ τῶν

11 Ἀριστοβούλου. ἀσπάσασθε Ἡρῳδίωνα τὸν συγγενῆ μου.
ἀσπάσασθε τοὺς ἐκ τῶν Ναρκίσσου τοὺς ὄντας ἐν κυρίῳ.
12 ἀσπάσασθε Τρύφαιναν καὶ Τρυφῶσαν τὰς κοπιώσας ἐν
κυρίῳ. ἀσπάσασθε Περσίδα τὴν ἀγαπητήν, ἥτις πολλὰ
13 ἐκοπίασεν ἐν κυρίῳ. ἀσπάσασθε Ῥοῦφον τὸν ἐκλεκτὸν
14 ἐν κυρίῳ καὶ τὴν μητέρα αὐτοῦ καὶ ἐμοῦ. ἀσπάσασθε
Ἀσύγκριτον, Φλέγοντα, Ἑρμῆν, Πατροβᾶν, Ἑρμᾶν καὶ
15 τοὺς σὺν αὐτοῖς ἀδελφούς. ἀσπάσασθε Φιλόλογον καὶ
Ἰουλίαν, Νηρέα καὶ τὴν ἀδελφὴν αὐτοῦ, καὶ Ὀλυμπᾶν
16 καὶ τοὺς σὺν αὐτοῖς πάντας ἁγίους. ἀσπάσασθε ἀλλή-
λους ἐν φιλήματι ἁγίῳ. ἀσπάζονται ὑμᾶς αἱ ἐκκλησίαι
πᾶσαι τοῦ Χριστοῦ.

17 Παρακαλῶ δὲ ὑμᾶς, ἀδελφοί, σκοπεῖν τοὺς τὰς διχο-
στασίας καὶ τὰ σκάνδαλα παρὰ τὴν διδαχὴν ἣν ὑμεῖς
18 ἐμάθετε ποιοῦντας, καὶ ἐκκλίνετε ἀπ' αὐτῶν· οἱ γὰρ
τοιοῦτοι τῷ κυρίῳ ἡμῶν Χριστῷ οὐ δουλεύουσιν ἀλλὰ
τῇ ἑαυτῶν κοιλίᾳ, καὶ διὰ τῆς χρηστολογίας καὶ εὐλο-
19 γίας ἐξαπατῶσιν τὰς καρδίας τῶν ἀκάκων. ἡ γὰρ ὑμῶν
ὑπακοὴ εἰς πάντας ἀφίκετο· ἐφ' ὑμῖν οὖν χαίρω, θέλω
δὲ ὑμᾶς σοφοὺς εἶναι εἰς τὸ ἀγαθόν, ἀκεραίους δὲ εἰς
20 τὸ κακόν. ὁ δὲ θεὸς τῆς εἰρήνης συντρίψει τὸν σατανᾶν
ὑπὸ τοὺς πόδας ὑμῶν ἐν τάχει. Ἡ χάρις τοῦ κυρίου
ἡμῶν Ἰησοῦ μεθ' ὑμῶν.

21 Ἀσπάζεται ὑμᾶς Τιμόθεος ὁ συνεργός μου καὶ Λούκιος
22 καὶ Ἰάσων καὶ Σωσίπατρος οἱ συγγενεῖς μου. ἀσπάζομαι
ὑμᾶς ἐγὼ Τέρτιος ὁ γράψας τὴν ἐπιστολὴν ἐν κυρίῳ.
23 ἀσπάζεται ὑμᾶς Γάϊος ὁ ξένος μου καὶ ὅλης τῆς ἐκκλη-
σίας. ἀσπάζεται ὑμᾶς Ἔραστος ὁ οἰκονόμος τῆς πόλεως
καὶ Κούαρτος ὁ ἀδελφός.

25 Τῷ δὲ δυναμένῳ ὑμᾶς στηρίξαι κατὰ τὸ εὐαγγέλιόν
μου καὶ τὸ κήρυγμα Ἰησοῦ Χριστοῦ, κατὰ ἀποκάλυψιν
26 μυστηρίου χρόνοις αἰωνίοις σεσιγημένου, φανερωθέν-
τος δὲ νῦν διά τε γραφῶν προφητικῶν κατ᾽ ἐπιταγὴν
τοῦ αἰωνίου θεοῦ εἰς ὑπακοὴν πίστεως εἰς πάντα τὰ
27 ἔθνη γνωρισθέντος, μόνῳ σοφῷ θεῷ, διὰ Ἰησοῦ Χριστοῦ,
ᾧ ἡ δόξα εἰς τοὺς αἰῶνας, ἀμήν.